PARLER PLUSIEURS LANGUES,
LE MONDE DES BILINGUES
by François Grosjean

バイリンガルの世界へようこそ

複数の言語を話すということ

フランソワ・グロジャン［著］

西山教行［監訳］

石丸久美子［訳］
大山万容
杉山香織

勁草書房

日本語版序文

私は数カ月前に拙著が、国際社会でも知られている言語教育学者の西山教行氏のグループによって日本語に翻訳されることを知り、たいへんにうれしく思いました。

私は一九八二年に『二つの言語を持って生きること――バイリンガリズム入門』を著したとき、基本的にモノリンガルの国をいくつか指摘しましたが、日本もその中に入っていました。[*1]

それからというもの、日本では第二言語学習や使用が著しい進歩を遂げたようです。多くの子どもや青少年、大人が第二言語に関心を寄せるのはたいへんに結構なことです。もちろん、日本語と並んで別の言語を、それもしばらく前から定期的に使用している人々がいるのも喜ばしいことだと思います。

本書が日本の読者の興味をかきたて、二つあるいはそれ以上の言語や方言を持って生きるとはどのようなことかを知りたいと思っている人々に、その概要を伝えることができればと思います。また本書の刊行をお引き受けいただいた勁草書房ならびに本書の翻訳を担当された西山教行、石丸久美子、大山万容、杉山香織の諸氏にも深く御礼を申し上げます。
読者のみなさまが本書を楽しく読まれるよう、著者は切望しています。

二〇一八年五月六日　スイス、ヌーシャテルにて　フランソワ・グロジャン

注

1 〔訳注〕ここでの第二言語とは、その社会で実際に使用する言語だけではなく、外国語やそのほかの言語変種も含むものです。母語（第一言語）以外に保持するすべての言語（変種）を想定しているようです。

序

ナポレオン・ボナパルト〔1769–1821、フランスの軍人・政治家〕、ジャン・ジョレス〔1859–1914、フランスの政治家、社会主義者〕、ピエール＝エリオット・トルドー〔1919–2000、カナダの政治家〕、マリー・キュリー〔1867–1934、ポーランド出身の物理学者、化学者〕、ジョゼフ＝ルイ・ラグランジュ〔1736–1813、イタリア生まれのフランスの数学者、天文学者〕、レオポール・サンゴール〔1906–2001、セネガルの政治家、詩人〕、サミュエル・ベケット〔1906–1989、アイルランド出身のフランスの劇作家、小説家〕、アラン・ミウン〔1921–2013、アルジェリア出身のフランスの陸上競技選手〕。これらの人物にどのような共通点があるでしょうか。彼らは政治や科学、文学、スポーツなどで卓越した成果をあげ、自国や国際社会で名誉ある地位を占めてきました。そのため、ジャン・ジョレスやマリー・キュリー、ジョゼフ＝ルイ・ラグランジュはパンテオン〔フランスに貢献した人々をまつる霊廟〕に埋葬され、レオポール・サンゴールはアカデミー・フランセーズ〔フランスの学士院で、フランス語の辞書と文法書の編纂を主要な任務とする」の会員となり、マリー・キュリーは物理学ならびに化学の分野でノーベル賞を受賞しました。

これらの人物にはこのような名声に加えて、もう一つの共通点があります。ナポレオン・ボナパルトはフランス語を身につける前に、コルシカ語を話していました。ジャン・ジョレスはフランス語での演説に優れていたのですが、南仏で人々を前に演説をしなければならないときには、オック語を使っていました。ピエール＝エリオット・トルドーは二度にわたりカナダの首相になりましたが、英語とフランス語を同じように流暢に話すことができました。マリー・キュリーはポーランド出身ですが、娘時代をすごした祖国と緊密な関係を保ち続け、ポーランド語とフランス語の二言語をつねに使い続けていました。ジョゼフ＝ルイ・ラグランジュはイタリアのトリノに生まれた数学者・物理学者ですが、ドイツで長年をすごし、その後にフランスにやってきたことから、トライリンガルになりました。レオポール・サンゴールはフランス語を使用する大詩人ですが、セレール語とウォロフ語［いずれもセネガルの現地語］も話します。サミュエル・ベケットはアイルランドの出身ですが、英語でもフランス語でも著述を行う珍しい作家です。最後に取りあげるアラン・ミウンは優れた陸上競技選手で、第二次世界大戦に従軍しましたが、フランス語とアラビア語を話しました。

読者のみなさんは、これらの人物がバイリンガルであったり、プルリリンガル（複言語話者）であるとは知らなかったかもしれません。それは、まさにバイリンガリズムというテーマがあまり知られていないためなのです。またバイリンガルにはいくつもの誤解がつきまとっています。バイリンガリズムは珍しい現象だ。バイリンガルはさまざまな言語をみな同じレベルで習得しており、生まれながらの通訳者である。言語とはごく幼い頃に習得されるものだ。子どもの頃に早い時期からバイリンガルになると、言語習得が遅くなる。言語習得に問題のあるバイリンガルの子どもはバイリンガル能力を保持しようとする限り、この問題を乗り越えることができない。さらに、子どもが二言語か、それ以上の言語を保持していると、バイリンガル能力は子どもの認知面での発達にネガティブな影響を与えるなどと言われています。しかし、実際のところ、世界の人口の約半数はバイリンガルなのです。とはいえ、すべての言語を同じようなレベルで習得しているケースは例外的で、またバイリンガルが優れた通訳者であることも稀なことです。私たちは何歳であろうと、バイリンガルになることができるのです。モノリンガルであろうと、バイリンガルであろうと、どのような子どもも言語習得にとって重要な段階は同じ時期に現れるのです。多くの研究によれば、バイリンガリズムと言語障害のあいだに何も関係はありません。むしろ、バイリンガルの子どもを調べると、モノリンガルの子どもに比べて、単語の選択にあたっての注意力や、新しい規則に適応する能力、メタ言語を使う操作に関して、よりすぐれた能力を持つことが多いのです。

本書の目的は、一般に語られていることとは反対に、世界中に暮らす多くの人々の特徴となっている言語上の実態をよりよく理解することにあります。第1章はバイリンガルを定義する基準を紹介し、フランスを含むフランス語圏諸国に広く見られる現象を紹介します。第2章では、バイリンガル話者の特徴を素描します。そしてバイリンガリズムの言語面での特徴を記述します。その中で、言語コードや時の経過とともに発展する言語を論じます。第3章は、どのようにしてバイリンガルになるかを論じ、バイリンガリズムにいたるさまざまな要因や、同時的バイリンガリズム、継続的バイリンガリズム、さらに言語学や心理言語学からみた子どものバイリンガリズムのさまざまな局面を考察します。また、バイリンガルになる上で実に重要な役割を果たすことになる家庭や学校の役割も論じます。というのも、子どもがバイリンガルになるか、ならないか、また二言語のいずれか一つのモノリンガルに（再び）戻ってしまうのか。このような課題を部分的であれ、決定するのは家庭や学校だからです。第4章では、バイリンガル話者のことばをもとに、一九世紀から現在にいたるまでのバイリンガリズムのイメージの変化を検討します。その上で、バイリンガルのタイプを分類することの危険性に言及します。バイリンガル能力の効果について、言語学やメタ言語、認知科学の観点からさまざまな研究を検討し、バイカルチャーの人が二つの文化にどのように関与しているのか、またバイカルチャーの人の人格やアイデンティティを論じます。最後に、例外的とも言えるバイリンガルのケースをいくつか論じたいと思います。これは一般のバイリンガルよりもはるかに稀なことで、そのような人々にだけあてはまる、いくつかの属性によってはっきりと判別されるものです。

本書は、バイリンガルでバイカルチャーの成人や子どもに焦点を当てるもので、バイリンガリズムをめぐる政治的、社会的側面にはほとんど触れません。これらは他の研究で論じられているためです。また、バイリンガルの脳についても議論をしません。この課題は、バイリンガルの神経心理言語学に属するもので、現在おおいに発展しておりますが、もしこれを論じるのであれば、新たに一冊を書きおろさなければならないでしょう。

私自身バイリンガルとして、三〇年前から、バイリンガルの問題を専門的に論じてきました。今までのところ、たまたま英語で多くの著述活動を行ってきましたが、フランス語圏の読者からフランス語による著述の希望があったため、いつかは私の第一言語であるフランス語でバイリンガリズムに関する著作を刊行したいと願っていました。

今や、ようやくその願いがかないました。本書が読者の期待にかなうものでありますように。

目次

凡　例

注は原書注と訳注をあわせて各章末に配置した。
ただし、本文中に訳注が入る場合は［　］で括った。

第1章　バイリンガルの世界

バイリンガリズムは世界のどのような国や、社会階層、年齢層にも見られるものです。バイリンガリズムは、個人が複数言語でコミュニケーションを行う必要があるときに発達するもので、それには次のようなさまざまな理由があります。まず、ある国や地域のなかで言語接触がある場合、第一言語に加えてコミュニケーションのための言語（リンガ・フランカ）を使用する必要がある場合、人々の間で使われている書記言語と口頭言語が異なる場合、政治的、経済的、宗教的な理由から移住したり、貿易や、子どもの通う学校のカリキュラムのため、また国際結婚や、子どもを二言語で育てようと決心したといった理由が挙げられます。ヨーロッパだけでなく、特にアフリカやアジアでの言語接触を調べてみると、世界の人口の半数近くがバイリンガルあるいは複言語話者（プルリリンガル）であると推定されます。しかし本当のところはどうなのでしょうか。これは実際には、バイリンガリズムの定義、バイリンガルを測定するにあたり使用する方法など、さまざまな要素によります。

バイリンガリズムをどのように定義するか

一般に考えると、バイリンガルとは二つの言語を完璧とはいかないまでも、とてもよく知っている人、とされています。バイリンガルの能力とは、二つのことばにおいて同等であり、しかもその言語は幼少時に習得されていなくてはならない、というものです。またしばしば、バイリンガルの人は二言語のいずれにおいてもなまりがないはずだと考えられています。このように定義された人たちが「本物のバイリンガル」であり、「完璧なバイリンガル」でない人たちは「バイリンガル」の名称が与えられるべきではない、というわけです。

バイリンガリズムに対するこのような非常に狭い見方は、二〇世紀にごく少数の言語学者によって主張されました。一九三〇年代に、アメリカの高名な言語学者レオナード・ブルームフィールド（1887–1949）はバイリンガリズムについて「二言語を母語のように操ること」[*1]と定義しています。より最近では、ベルギーの神経言語学者イヴァン・ルブランが「多言語話者（ポリグロット）とは、二言語または複数言語で教育を受け、複数言語を幼少時より同じように自由自在に使うことのできる人を指す」[*2]と述べています。さらに最近では、フランスの言語学者であるクロード・アジェージュが「本当のバイリンガルとは、二言語を同じように自由自在に話し、理解し、読み、書くことのできる人を意味する」[*3]と述べています。しかしアジェージュは、限定的な定義と、より開かれた説明の間でためらってもいます。というのも「完璧なバイリンガル」とはしばしば、単一言語話者が自分には話すこともできないような外国語を話すのを聞いて驚いたときに定義されるものに他ならないためです。辞書や百科事典も、やはり言語知識のみに基づいた限定的なバイリンガリズムの定義を取り上げています。『アカデミー・フランセーズ・フランス語辞典』は、バイリンガリズムを「二つの異なる言語で流暢に表現できること」と定義しています。[*4]『現代フランス語辞典』は、バイリンガルを「自分のいる環境において異なる二つの言語を流暢に使う」と規定しています。

確かにバイリンガルのうちでも少数の人たち、通訳者や翻訳者、言語教師や研究者などは、このような条件を満たすと思います。しかしながら日常生活の中で二言語またはそれ以上の言語を使う多くの人たちは、自分の持つ複数言語について同等かつ完璧な能力を保持してはいません。さらに、幼少期ではなく、青年期、あるいは成人してから（複数の）言語能力を身につける人が非常に多いのです。そして、自分の言語といっても読み書きのできない言語があり、また多くの人は話す言語の一つになまりがあります。結局、バイリンガルはいくつかの言語をそれぞれの状況で、さまざまな人たちと、異なる目的のために用いるのです。この現象については、本書の第2章で「相補性の原理」という観点から説明することにします。

同等かつ完璧な言語能力を獲得した人のみを「バイリンガル」と呼ぶことにしてしまうと、大多数の人々をどのように呼んでいいのかわからなくなってしまいます。このような観点から見てバイリンガルでないとされた人々は、バイリンガルでないからといって、モノリンガルでもないのです。実に多くの人々が、二言語またはそれよりも多い言語を日常生活で定期的に使用するという事実を前に、何人もの研究者が、このような狭すぎる定義を広げるよう提言してきました。たとえば、バイリンガルを「二つまたはそれ以上の言語で意味のある発話を産出する能力を持つ人」と提唱する人もいます。または、「別の言語で、読む、書く、話す、聞くことのうち少なくとも一つの技能を獲得していること」と主張する人もいます。先に挙げた定義とこれらが異なる最も重要な点は、「複数言語を定期的に使用したり実践している」という、定義にかかわる第二の要素を含んでいる点です。こうしたことから、バイリンガリズム研究に偉大な功績をのこしたリトアニア出身のアメリカの言語学者であるユリエル・ワインライク（1926–1967）とウィリアム・マッケイはそれぞれ独自の立場からバイリンガリズムを定義し、「二つまたはそれ以上の言語の相互的な利用」[*6]という、より簡素な定義を選択しました。この定義は実践に重点を置くもので、『ロベール・フランス語辞典』（「二つの言語を話し、持っている人」[*7]）や『リトレ・フランス語辞典』（「二つの異なることばを用いる人」[*8]）の定義にも見られます。

　本書ではこれ以降、バイリンガリズムを「二言語またはそれ以上の言語や方言を日常生活の中で定期的に使用すること」と定義します。この定義は明らかに狭すぎるものではなく、非常に異なるバイリンガルを含めることができます。たとえば二つの言語をそれぞれ異なる能力レベや、ある言語または別の言語で読み書きができない人、またある言語では話す能力があり、別の言語では書く能力がある人、さらに当然ながら、二言語またはそれ以上の言語を非常に高いレベルで獲得した人を含むものです。

　この定義にはいくつもの利点があります。まず、ここにはバイリンガルだけでなく、三言語またはそれ以上の言語を使用する複言語話者（プルリリンガル）も含まれます（ですから、私はこれ以降毎回は「バイリンガルまたは複言語話者」とは明記しません）。また、この定義は方言を含むもので、これはドイツ語圏やイタリア語圏のスイスやイタリアなどの国々で実際に起こっていることに対応します。つまり、二つの異なる言語を使う人と同様に、一つの言語と一つの方言を定期的に使用する人々もバイリンガルといえるのです。最後に、この定義は言語能力を完全に排除するものではありません。ある人が二言語またはそれ以上の言語を定期的に使用するとき、その人は使用言語においてあるレベルの能力を持っている必要があります。逆は必ずしも真ではありません。ある言語を知っているが、それを使わないこともありえます。言語知識と言語使用というこの二つの要素に関しては、第2章で再び取り上げ、バイリンガルではこれら二つの要素がどのように調和を保って共存しているかを示したいと思います。

フランス語圏の国々

ある国に居住するバイリンガルまたは複言語話者の数を調べるには、その国の言語統計を見れば十分だと思われるかもしれません。しかし、これはまったく意味のないことです。そもそも調査をしていない国がありますし、調査するにせよ、使用言語についての設問がない国もあります。たとえばフランスやベルギーでは、政治的な理由から何十年間も調査が行われていません。また別の問題として、ある特定の言語（公用語または記載された言語）のみが調査されることもあります。いくつかの国では、言語も方言も一緒に数えられています。また、住民の言語知識と、その言語を使用する頻度を同時に尋ねる質問を設定している調査が稀だということにも注意しましょう。最後に、こうした調査は「母語」についてのみ行われることが多く、したがって他に知られている言語や、話されている言語は排除されます。つまり、ある国の住民のバイリンガリズムに関する調査結果は、それが存在する場合でも、異なる手続きによって行われたものであり、比較が困難なのです。

世界には約七一〇〇の言語[*9]と、一九七の国（国際連合加盟国が一九三カ国、特別な地位にある国が四カ国）があるわけですから、一つの国家の領域内では明らかに複数の言語が話されていることになります。同一領土内に複数の言語があることは、言語接触があり、したがって、そこにはバイリンガリズムまたは複数言語使用があることを意味します。実際、なかには話者数が非常に多い言語（英語、中国語、ヒンディー語、スペイン語、フランス語など）や、複数の国家で話されている言語（たとえば南米におけるスペイン語）もありますが、このことは世界の多くの国が非常に多くの言語をかかえていることとまったく無関係ではありません。政治、教育、文化などの面でフランス語が重要な役割を持つ国々を取り上げると、カメルーンには二八〇の言語があり、コンゴ民主主義共和国（コンゴ・キンシャサ）には二一二の言語が、チャドには一三〇の言語があるといった具合です[*10]。こうした数字にくわえて、特に最近では、公式な地位を持たずほとんど統計に反映されない移民の言語を加える必要があります。

ある国における異言語話者の数は、その国のバイリンガルや複言語話者[*11]についての考え方に影響します。たとえば、ルーアン大学教授のファビエンヌ・ルコントは、サハラ以南アフリカの状況について取り上げ、一人の人が生涯にしばしば五から六の言語、場合によってはそれ以上の言語を習得するようになることを次のように説明しています。「子どもはまずはじめに父親の言語を学び、それがその子の民族語となる。もし母親の言語が異なれば、次にそれを学び、また父親のもう一人の妻の言語、さらには隣の集団の言語や仲間の集団の言語を学ぶようになる。もしこうした言語が現地語であるにすぎない場合、その子どもはそれに続いてその国または地域の一つまたは複数の媒介語を学ぶことになる。最後に、学校に行けば、教育の媒体であるヨーロッパの言語を学ぶ[*12]」。

より正確に考えて、フランス語圏の国々に、バイリンガリズムの状況についての統計は存在するのでしょうか。フランス語観測局〔国際フランコフォニー機構に属する機関〕は二〇一〇年に、フランス語の読み書きができる一〇歳以上の人口の割合を発表しました[*13]。フランス語圏諸国の住民の中でフランス語のモノリンガルは稀で、このことは第一言語とのバイリンガリズムがあることを反映するものです。アフリカの中でも、最も目立つのはコンゴ共和国（七八％）、ガボン（七三％）、コンゴ民主主義共和国（六八％）、チュニジア（六四％）です。フランス語を公用語とする国々で、一〇歳以上でフランス語を読み書きできる割合が三〇％を超えるのは稀です。直接の統計はないとはいえ、フランス語の読み書き能力に加えて、別に知っている言語や、話されている言語を加えるならば、アフリカでは明らかに多言語状態が通例です。

アフリカから別の大陸に目を転じてみましょう。カナダには言語統計の長い伝統があります。母語、言語知識、家庭言語、職場での言語について、きちんとした七項目の設問があるために、カナダでは住民のバイリンガリズムについての素晴らしいデータがあるのです。二〇一一年の調査によると、カナダの人口の三六%が二言語またはそれ以上の言語で十分に会話を行うことができると答えています。これは連邦の公用語である英語とフランス語である場合（一七・五%）と、その他の言語（移民の言語や先住民の言語）を含むものです。[*14] この数字は言語知識に基づいており、必ずしもすべての人が自分たちの言語を使用しているわけではないため、潜在的なバイリンガルの割合を示すものです。実際のバイリンガルの割合について知るには、家庭や職場で話される言語についての質問の結果を調べる必要があります。約二六%の住民が、暮らしの中で少なくとも二つの言語を使用していると答えています。その差にあたる一〇%の人々は、二言語またはそれ以上の言語を知っている人々と、それを定期的に使用する人々の間にいるわけです。これについてはまた触れますが、これはある重要な側面を示しています。すなわち、私たちは一つまたは複数の言語を非常によく知っていても、それを実際に使用しないことがあるのです。とてつもなく多くの言語を保持する多言語話者（ポリグロット）は、極端な事例です。たとえば、枢機卿ジュゼッペ・メゾファンティ（1774–1849）は六〇もの言語を知っていたそうですが、それらのすべてを用いていたわけではありません。

もう一つのフランス語圏の国、スイスは、知っている言語と話されている言語について同時に調査を行いました。スイスでのバイリンガルの割合を調べるため、連邦統計局が言語に関していつも行なう最初の質問は、次のものです。「あなたが主に使う言語、すなわち、あなたが何かを考えるときの言語で、最もよく知っている言語はどの言語ですか。もしもあなたが複数の言語でものを考え、それらをよく習得しているならば、複数の言語を答えてください」。このような質問には、複数言語についての均等な知識に基づく質問のように、限定的で、言語と方言を一緒にした選択肢（たとえば、ドイツ語とスイスドイツ語は一つの項目にまとめられています）がついています。このため、この質問から得られるバイリンガルの割合は当然のことながら非常に低く、二〇一〇年には一五・八％にすぎませんでした。ここで当然のことながら疑問が生じます。スイスは世界中で多言語状態の国として知られていますが、実際のところスイスでは大多数がモノリンガルなのでしょうか。ここで、家庭や隣人、職場、あるいは教育の場で話される言語に関する調査の別の二つの回答を見ると、その答えがわかります。二〇一三年の調査はこれらの言語を考慮に入れ、言語と方言を区別しそたために、より納得のいく数値が得られました。スイスでは、四一・九％の住民が二言語またはそれ以上の言語や方言を日常生活で定期的に使用しています。最も多くの話者をかぞえる二つのことばの組み合わせは、予想通り、ドイツ語とスイスドイツ語の組み合わせでした。スイスドイツ語とフランス語のバイリンガルは、さまざまな言語の組み合わせの中で、三番目に多数でした。スイスでは、人口の二六・一％が二つの言語を定期的に使用しています。したがって彼らはバイリンガルであっても、複言語話者ではありません。[*15] 一方で、人口の一〇・四％は三言語話者なのです。

さらに二つの国のケースを、つまりヨーロッパのうちで、フランス語が他の言語とともに公用語の一つの地位を占めているベルギーとルクセンブルクについても一瞥しましょう。ベルギーはその領土で使われている言語について一九四七年以降調査を行っていないため、二〇一二年に欧州委員会が行ったアンケート調査[*16]を検討しなくてはいけません。ヨーロッパ二七カ国のうち全体で二万六七五一人が自宅で調査を受けました。「あなたの母語以外の言語で、会話に参加するのに十分なほど話せる言語があれば、それは何語ですか」という質問に対する答えを検討すれば、この二カ国のバイリンガリズムの割合を把握することができます。ベルギー人の七二％は母語以外に少なくとも一言語を、五〇％は少なくとも二言語を、二七％は少なくとも三言語を話せると答えました。この割合はすでにたいへんに高いのですが、複数言語使用で有名なルクセンブルクはさらにそれを上回るものです。ルクセンブルクでは、母語以外に少なくとも一言語を話すと答えた人は九八％、少なくとも二言語と答えた人が八四％、三言語と答えた人が六一％にのぼるのです。母語以外の言語の使用頻度に関しては、「その言語をどのくらいの頻度で使いますか」という質問への回答からうかがうことができます。「毎日／ほぼ毎日」と答えた人が、ベルギーでは平均して二九％、ルクセンブルクでは平均して六七％、「毎日ではないが頻繁に」とした人がベルギーでは二七％で、ルクセンブルクでは一七％、「ときどき」とした人がベルギーでは四四％で、ルクセンブルクでは一六％でした。このことからルクセンブルクの複数言語使用が非常に高い割合であることがわかります。ルクセンブルクの住民は他の言語をよく知っているだけではなく、それらの言語を実際によく使っているのです。ベルギーでは使用頻度がルクセンブルクよりもさがります。

　ここまでフランス語が公用語または重要な言語となっているいくつかの国を見てきましたが、そこから、バイリンガリズムがどれほど広がり、バイリンガルの人に関する調査がどれほど異なっているかがわかりました。それではフランスではどうでしょうか。

フランス

私は二〇一三年六月に、フランス国立統計経済研究所（ＩＮＳＥＥ）にフランスのバイリンガリズムの状況に関する情報について問い合わせを行いました。二言語、三言語、あるいはｎ個の言語を定期的に使用する人の割合や、その複数の言語の最も多い組み合わせ、ＩＮＳＥＥがどのようにバイリンガリズムを定義しているか、といった質問をしたのです。ＩＮＳＥＥお問い合わせセンターからの回答は短く、がっかりさせられました。「お問い合わせの情報はＩＮＳＥＥの提供するサービスには含まれておりません」との返事だったのです。

しかし、たとえ人口調査にあたりＩＮＳＥＥが言語に関する質問をしていなかったとしても、ＩＮＳＥＥがフランスの住民のバイリンガリズムに興味がないと考えるのは誤りです。実際、一五年前からフランス国立人口統計学研究所の協力でしばしばアンケート調査が行われており、それを見るとフランスのバイリンガリズムの現状がわかります。たとえば、人口調査と同時に行われた一九九九年の大規模調査「家族史研究」[*17]には、家庭内での言語や話語［文字化されておらず、もっぱら口頭でのみ使用される言語変種を指す］の伝達に関する質問項目が含まれていました。三つの質問が提示され、それに三八万人の成人が回答しました。最初の二つの質問は、回答者が五歳だったとき、また回答者の子どもが五歳の時点で、家庭内で話されている言語についてのものでした（これについては後に改めて取り上げます）。三番目の質問は、一九九九年の現況に関するもので、「実際に、あなたの親しい人（配偶者、両親、友人、同僚、商店主）とフランス語以外で話をすることがありますか。もしあるのなら、何語ですか。それは一つの言語ですか、複数の言語ですか」という質問でした。

この回答を調べてみたところ、フランスには四〇〇もの言語があることがわかりました。この数字は強調しておくべきでしょう。というのもフランスの諸言語に関する公的な資料（一六頁参照）では、最終的にその数は七五言語にまで減っているからです。これは、フランスの言語景観に移民の言語が存在しているにもかかわらず、わずかな例外を別として、この調査は移住に由来する言語を考慮に入れていないためです。したがってフランスは、社会言語学的な意味で多言語国家なのです。これは、フランス語に加えて、さまざまな言語を使用している話者をかかえているためです。ではフランスでのバイリンガリズムの状況はどのようなものでしょうか。三番目の質問への回答として、二一％の人がフランス語以外の言語で親しい人と話をすることがあると答えています。そのうち一五％は移住に由来する言語または外国語（アラビア語、英語、スペイン語、ポルトガル語など）を使っており、六％は地域語（アルザス語、オック語、コルシカ語、ブルトン語など）を使っていると答えました。

回答者がみなフランス語話者だとすれば、フランスの人口の五分の一はバイリンガルか複言語話者ということになります。二〇一二年の欧州委員会のアンケート調査[*18]によると、母語以外に知っている言語について「その言語をどのくらいの頻度で使用していますか」という質問に対して、フランスでは一九％の回答者が「毎日か、ほぼ毎日」と答えています。これは一九九九年のＩＮＳＥＥ

のアンケート調査結果とかなり似ています。したがって、どのような方法で調べたにせよ、フランスの人口の約二〇％は二言語以上の複数言語を定期的に使用しているわけです。もう一つの重要な点は、「使用」という要因であり、フランスでのバイリンガルの割合はアメリカにおけるバイリンガルの割合（約二〇％）と同じくらいで、カナダ（二六％）やベルギー（二九％）と非常に近いのですが、スイス（四一・九％）やルクセンブルク（六七％）のようなバイリンガリズムや複数言語使用の国として知られた国の住民から得られたデータよりも明らかに少ないのです。

一九九九年のアンケート調査は、フランスの住民がどのくらいバイリンガルか、あるいは複数言語使用者であるかということを理解しはじめるための重要なものでした。これとは別に、サンプルを減らし、しばしばある目的に特化した調査がいくつか行われました。たとえば二〇〇八年の「経路と出身」[*19]というアンケート調査では、移民出身者、すなわち両親のうち少なくとも一人が外国で外国人として生まれながらも、本人はフランス本土で生まれた人の言語について、その使用頻度ではなく、習得度を調べました。すると、両親がいずれも同じ外国で生まれた移民出身者の半数近くが、家庭でその主たる外国語を非常に高いレベルで習得していると答えました。「話し、読み、書く」という項目を調べたところ、最も高い割合を示したのはトルコ生まれの両親を持つ移民（八〇・七％）で、次がスペイン生まれ（六八％）、そしてポルトガル生まれ（五九・八％）の両親をもつ移民でした。アラビア語とベルベル語については、習得の第二段階（「よくわかる、すらすらと話せる」）が最もふさわしいとされました。アラビア語に関して、両親がアルジェリア出身である場合、その割合は五八・五％となり、モロッコ出身では六〇・六％でした。ベルベル語（両親の出身地はアルジェリア）に関しては五二・八％でした。

一九九九年に行われた大規模調査の三つの質問には、フランス本土の成人のみが回答しました。フランスの海外県・海外領土での別の調査をみると、フランス本土の外でのバイリンガリズムの規模がよくわかります。それによると、マイヨット[*20]では住民の五七％がバイリンガリズムを実践しており、ニューカレドニア[*21]（この島には二八の言語があります）では四一・三％になります。また、レユニオン[*22]［インド洋にあるフランスの海外県］では三八％がフランス語とクレオール語のバイリンガルです[*23]。

フランス本土で、バイリンガリズムの割合はむしろ低く、フランス海外県でそれは明らかに高くなっていますが、これは驚くことでもありません。というのも、フランスの言語政策は、複数言語が存在するにもかかわらず、長い間ずっと単一言語主義であったためです。しかし言語学者のアンリエット・ヴァルテール（1929-）が述べているように、バイリンガリズムは生き残りました。「大革命以来ずっと単一言語政策が強化されてきたにもかかわらず、また義務教育や二度の世界大戦、さらにラジオやテレビがロードローラーのように他の言語を押しつぶしてきたにもかかわらず、バイリンガリズムが生き残ったのは実に驚くべきことだ[*24]」。フランスの単一言語政策は何十年も続いてきたもので、とりわけ地域語に多大な影響を及ぼしました。アンリエット・ヴァルテールは、二〇世紀初頭の第一次世界大戦直前には、すべてのフランス人、あるいはほぼすべてのフランス人がバイリンガルであったことに注意を向けています。当時のフランス人は、フランス語と地域語を話していたのです。しかしながら、第一次世界大戦の四年間で、はじめは地元の部隊に配属されたフランス人男性が、やがてさまざまな地域から召集された部隊に配属されるようになり、仲間の間でフランス語を話すようになり、そして戦後に自宅に戻ってからもフランス語で話す習慣を続けたのです。

一九九九年のアンケート調査での最初の二つの質問への回答をみると、二〇世紀を通じて言語、特に地域語が減少したこと、すなわちバイリンガリズムの減少がはっきりと分かります。INSEEの人口局長フランソワ・クランシェによると、一九三〇年以前には四人に一人が両親と地域語で話していました。[*25] この割合は一九五〇年代には一〇人に一人となり、一九七〇年代には二〇人に一人となりました。それに続いて一九八〇年代と一九九〇年代には、調査を受けた人の中で、自分の子どもに地域語で話したことがあると答えたのは、その年代に子どもを持っていた成人のわずか三％でした。これはさまざまな要因から説明できます。農村から人々が大量に脱出したこと、都市化、フランス語だけで行われるメディア、家庭に地域語を話す人が一人しかいないこと、学校が単一言語主義で、他の言語を話した子どもを罰していたこと、支配階級の間に「俚言[*26]」に対する否定的なイメージがあること、などです。アンリエット・ヴァルテール自身は、両親がしばしば子どもに地域語で話すと、フランス語がきちんと習得できないのではないか、と懸念して、子どもに地域語で話すのをやめてしまうことを強調しています。[*27] これは実に不幸なことです。というのも後に述べるように、バイリンガルであることは言語の正しい習得をまったく妨げるものではないからです。

海外準県が意識され、バイリンガル・プログラムが推進され、地域語や地域文化がさまざまな方法によって促進され、アソシエーションへの助成などが行われたおかげで、今日ではフランス本土や海外県・海外領土では地域語を盛り上げる方向に向かっています。さらに、憲法75条第1項は二〇〇八年から、地域語（バスク語、コルシカ語、アルザス語、クレオール語など）がフランスの遺産に含まれることを明記しています。フランスの文化・コミュニケーション省に属する「フランス語ならびにフランスの諸言語総局」（DGLFLF）は、フランス語の振興と使用に加えて、言語的多様性の促進やフランスの諸言語の推進を目的としています。「地域語や少数言語はフランス語と同じく、私たちの文化的アイデンティティを形作るもので、いきいきとした、創造的な無形遺産を構成しています。地域語や少数言語は、文化的・言語的多様性を推進する政策に大きく関わっているのです」[*28]。コルシカ語担当地域教育視学官ジャン＝マリー・アリジはコルシカ語について、「（コルシカ語をめぐる）現在の発展は矛盾を含んでいる。一方では、コルシカ語の使用は日常生活で減っており、他方で、コルシカ語はこれまで常に排除されてきた領域、特に学校に再び導入され、実に積極的な支援の対象となっている」[*29]と、地域語の抱える矛盾について述べていますが、この問題はこれからの数年間で解決されるのでしょうか。実際に、これまで行われてきたような家族間あるいは地域による地域語の継承はすでにほぼ行われなくなっていますが、一方でいくつかの学校やメディア、そしてミュージシャンなどの世界では、地域語の継承が行われています。

いわゆる「非領土性」の地域語や少数言語（方言アラビア語、西アルメニア語、ベルベル語、ユダヤ・スペイン語、ロマーニ語やイディッシュ語）は「フランスの諸言語」（フランス手話を含む全部で七五以上の言語があります）の一部であり、程度は異なっていてもDGLFLFの支援を受けることが保証されています。しかし問題は、他の「外国語（異言語）」と呼ばれる諸言語が、地域語であれ国語であれ、同じような支援を受けないということです。DGLFLFはこれらの言語が危機に瀕していないと主張しますが、確かにその言語の出身国においては危機に瀕してはいませんが、それを使っているフランスの住民の間では、明らかに危機に瀕しているのです。このような言語の単一使用から、フランス語とのバイリンガリズムへ、さらにフランス語のみの単一言語使用へと至るのは実にすばやく（時には一世代のみでそうなることもあります）、もしもフランスが社会的なレベルで多言語社会を維持することを願うのであれば、これは問題となるでしょう。社会制度の中での言語の序列化、すなわち、フランス語、地域語、少数言語、外国語（異言語）という序列は、個人がそれらの言語に対して抱くイメージに影響を与えるもので、「高貴」でない言語話者に烙印を与えるものです。英語はこの例外で、英語はフランス語のすぐ後に来ます。というのも英語は非常に役に立つ国際語として、保護者にも、学校でも人気があるためです。

フランス語と、フランスに「存在する」言語（少なくとも四〇〇あります）だけでなく、フランス「に土着の」諸言語のうち一つか二つを話すバイリンガルの人々は、その言語が制度のうえではどのような地位にあるにせよ、言語がすべて何らかのありかたで承認され、奨励されることを望むでしょう。現在は残念ながら、そのような状況からかけ離れています。世界のいくつかの国で、言語政策の観点からみれば、フランスと同様に単一言語主義でありながらも、公的空間での個人による二言語使用を受け入れる国もあります（バラク・オバマ大統領［大統領在任期間 2009-2017］はインドネシア訪問時にインドネシア語を話しました）。これは、フランスでは必ずしも自明のことではありません。それでも領土内の複数言語は、その豊かな多様性によって、国の遺産とも、またグローバル化した世界の中で貴重な資源ともなるものです。フランスは国外でバイリンガリズムを、とりわけフランス語圏の国々でバイリンガリズムをおおやけに擁護しているのですから、国内で同じ措置を取っても、国家の統一性を危険にさらすことはないはずです。確かに、事態は変化してきており、いつしか我々も、少数派言語出身の大臣や国家の要職にある人が公的な場で、ちょうどバラク・オバマ大統領が行ったように自分の保持する言語でいくつかの単語を発信し、これによってもフランス人としてのアイデンティティの否定であると受け取られることなく、みずから言語的・文化的な多様性を価値あるものとする日のくることが想像できるでしょう。その日には、フランスでの言語的多様性と、発信型で受信型のバイリンガリズムの存在を承認し受け入れるための、大きな一歩が実現するのです。

注

1 Bloomfield L., *Le Langage*, Payot, 1970, p. 57.（ブルームフィールド著　三宅鴻・日野資純訳『言語』大修館書店頁 p. 59）

2 Lebrun Y., « L'aphasie chez les polyglottes », *La Linguistique*, 18(1), 1982, p. 129.

3 Hagège C., *L'enfant aux deux langues*, Odile Jacob, 1996, p. 218 et 245.

4 *Dictionnaire de l'Académie française*, *Imprimerie nationale*, Fayard, 9e édition, 1992.

5 *Dictionnaire du français contemporain*, sous la dir. de J. Dubois, Larousse, 1966.

6 Mackey W., "The description of bilingualism", in Fisman J.（éd.）, *Readings in the Sociology of Language*, La Haye, Mouton, 1968. Weinreich U., *Languages in Contact*, La Haye, Mouton, 1968.

7 *Le Grand Robert de la langue française*, sous la dir. de A. Rey, Le Robert, 2001.

8 Littré, *Dictionnaire de la langue française*, Versailles, Encyclopædia Britannica, 1996.

9 Paul L., Simons G. et Fennig C.（éds.）, *Ethnologue: Languages of the World*, 17e édition, Dallas, Texas SIL International, 2013. http://www.ethnologue.com.

10 この数は資料によって異なります。私が取り上げた現在使われている言語数は次の著者の本によるものです。Paul L., Simons G. et Fennig C., *op. cit.*

11 「複言語話者」（plulilingue）はしばしば「多言語併用」（multilingue）と同意義語として用いられますが、後者は同じ言語領域内に複数の言語や方言があることを指すもので、そこに居住する人たちは必ずしもバイリンガルや複言語話者ではありません。

12 Leconte F., « Les langues africaines en France », in Extramiana C. et Sibille J.（dir.）, *Migrations et plurilinguisme en France, Cahiers de l'Observatoire des pratiques linguistiques*, 2, Didier, 2008, p. 59.

13 Wolff A. et Gonthier J., *La Langue française dans le monde 2010*, OIF-Nathan, 2010.

14 Lachapelle R. et Lepage J.-F., *Les langues au Canada : recensement de 2006*, Gatineau, Québec, Patrimoine canadien et Statistique Canada, 2010.

15 ［訳注］バイリンガルとは二言語を定期的に使用する人を指し、ここでの複言語話者とは三言語以上を話す人を指します。

16 *Les Européens et leurs langues*, enquête commandée par la Commission européenne et menée par TNS Opinion & Social, 2012.

17 次の二つの論文が補完的な結果を示す場合があります。Clanché F., « Langues régionales, langues étrangères: de l'héritage à la pratique », *Insee Première*, 830, février 2002 ; Héran F., Filhon A. et Deprez C., « La dynamique des langues en France au fi l du XXe siècle », *Population et sociétés*, 376, 1-4, 2002.

18 *Les Européens et leurs langues*, *op. cit.*

19 Condon S. et Régnard C., « Héritage et pratiques linguistiques des descendants d'immigrés en France », *Hommes et migrations*, 1288(6), 2010, pp. 44-56.

20 ［訳注］アフリカ・マダガスカルの西に位置するフランスの海外地域圏。フランス語の読み書きのできない人は三五％以上に達する。

21 マイヨットの二〇一七年の国勢調査はフランス国立統計経済研究所のウェブサイトから利用可能。

22 ニューカレドニアの二〇〇四年の国勢調査はフランス国立統計経済研究所のウェブサイトから利用可能。

23 Monteil C., « Le créole encore très largement majoritaire », *Économie de La Réunion*, 137, 2010, pp. 4-6.

24 Walter H., *Aventures et mésaventures des langues de France*, Champion Classiques, 2012, p. 18.

25 Clanché F., « Langues régionales, langues étrangères: de l'héritage à la pratique », *art. cit.*

26 ［訳注］使われている地域が狭いことばで、社会階層の低い人々が使用し、書きことばを持たない言語変種を指す。現在では地域語とよばれるものが「俚言」にあたる。

27 Walter H., *op. cit.*

28 文化・コミュニケーション省「フランス語ならびにフランスの諸言語総局」のサイトからの引用。

29 Arrighi J.-M., « Langue corse : situation et débats », *Ethnologie française*, 38(3), 2008, p. 507.

第2章　バイリンガリズムの特徴

一九八五年以来、私はバイリンガリズムの全体論的視点を主張してきました。この考え方は、バイリンガルの人の内部には二言語またはそれ以上の言語が共存し、それらが相互に作用し、分解できないような言語の一体性を形成している、というものです[*1]。バイリンガルとは、二言語または複数のモノリンガルが一人の人の内部にいるのではなく、完全な資格をもったコミュニケーションを行う存在なのです。ある個人が、場合によっては言語学習や言語を再構成する期間を経て安定的なバイリンガルとなり、モノリンガルと変わらないコミュニケーション能力を示し、モノリンガルとともに自分たちを取り囲む世界とコミュニケーションを行うのですが、その方法はモノリンガルとは異なっています。

周囲の人々と会話するために、バイリンガルは同時に一言語、二言語またはそれ以上の言語を「バイリンガル・スピーチ[*2]」の形式で用います。すなわちある基幹となる言語を用いるのですが、そこにコード・スイッチングや借用語、借用表現をかわるがわる用いるという形で、別の言語の要素を加えるのです。これはいわば、一一〇メートルハードル走の選手に似ています。ハードル走は高跳びの能力と短距離走の能力の両方を結びつけるものですが、このような能力は分割不可能なものなので、完全に一つの能力を形成しています。アマチュアの陸上競技選手であっても、一一〇メートルハードル走選手を高跳び選手や短距離走選手と比較しようとは考えないでしょう。というのも、一一〇メートルハードル走選手とは、高跳び選手と短距離走選手それぞれの能力を部分的に組み合わせたものなのですが、それは分割できないように結びつき、新しい一つの能力を形成しているからです。つまり、バイリンガルはその人に固有の言語的アイデンティティを持っており、そのようなものとして分析され、記述されなくてはいけません。

バイリンガリズムに関する全体論的アプローチは、この三〇年間に数多くの研究者によって発展してきました。たとえばパリ第5大学名誉教授クリスティーヌ・ドプレは、バイリンガルはモノリンガルとまったく同じように総合的にコミュニケーションを行う存在であると主張しています。[*3] バイリンガルは、話法のレパートリーを保持しており、一つひとつの発言を決定する場によって話語を使い分けているのです。バーゼル大学名誉教授ジョルジュ・リュディとヌーシャテル大学教授ベルナール・ピイ（1939-2012）によれば、バイリンガルは独自の能力をもっており、それは第一言語と第二言語を単に加算したものではありません。[*4] またマガリ・コールとその共著者らはさらなる主張を行い、バイリンガルとは二言語が共存したものであり、それらが常に相互作用を行うことにより、モノリンガルとは異なる言語の統一性が産出され、これは分割しえない全体性を構成する、と述べています。[*5]

このような全体論的な観点は本章の導線となるもので、以下ではバイリンガルの人がすごす日常生活でのさまざまな場面を取り上げ、またその生涯全体を取り上げたいと思います。

言語知識と言語使用

第1章で見たように、バイリンガルまたは複言語話者の定義は、話者の言語知識に基づくものから、しだいに複数言語を定期的に使用することに焦点をおいた定義に置き換えられてきました。一見すると、これら二つの要素は対立するようですが、実際にはまったくそうではありません。というのもすでに指摘したように、もし一人の人が二言語またはそれ以上の言語を定期的に使用するとき、その人はそれらの言語についてある一定のレベルの能力を持っているにちがいないからです。

言語知識と言語使用の共存をよりよく示すために、私は次頁のようなグリッドを作成しました。横向きの軸には「知識」の要素が「弱い」から「広い」まで位置づけられ、縦向きの軸には、「使用」の要素が、「まったくない」から「日常的に使う」まで位置づけられます。バイリンガルの人の保持する複数言語は、この二つの要素に従い、その人の置かれた状況の欄に位置づけられます。

上のグリッドでは、人物1はそれぞれ異なるレベルで、フランス語（La）、英語（Lb）、ドイツ語（Lc）の三つの言語を保持し、使用しています。フランス語（La）は最もよく知っており、最もよく使う言語で、右上の欄に位置づけられています。英語（Lb）は、ほとんどフランス語と同じくら

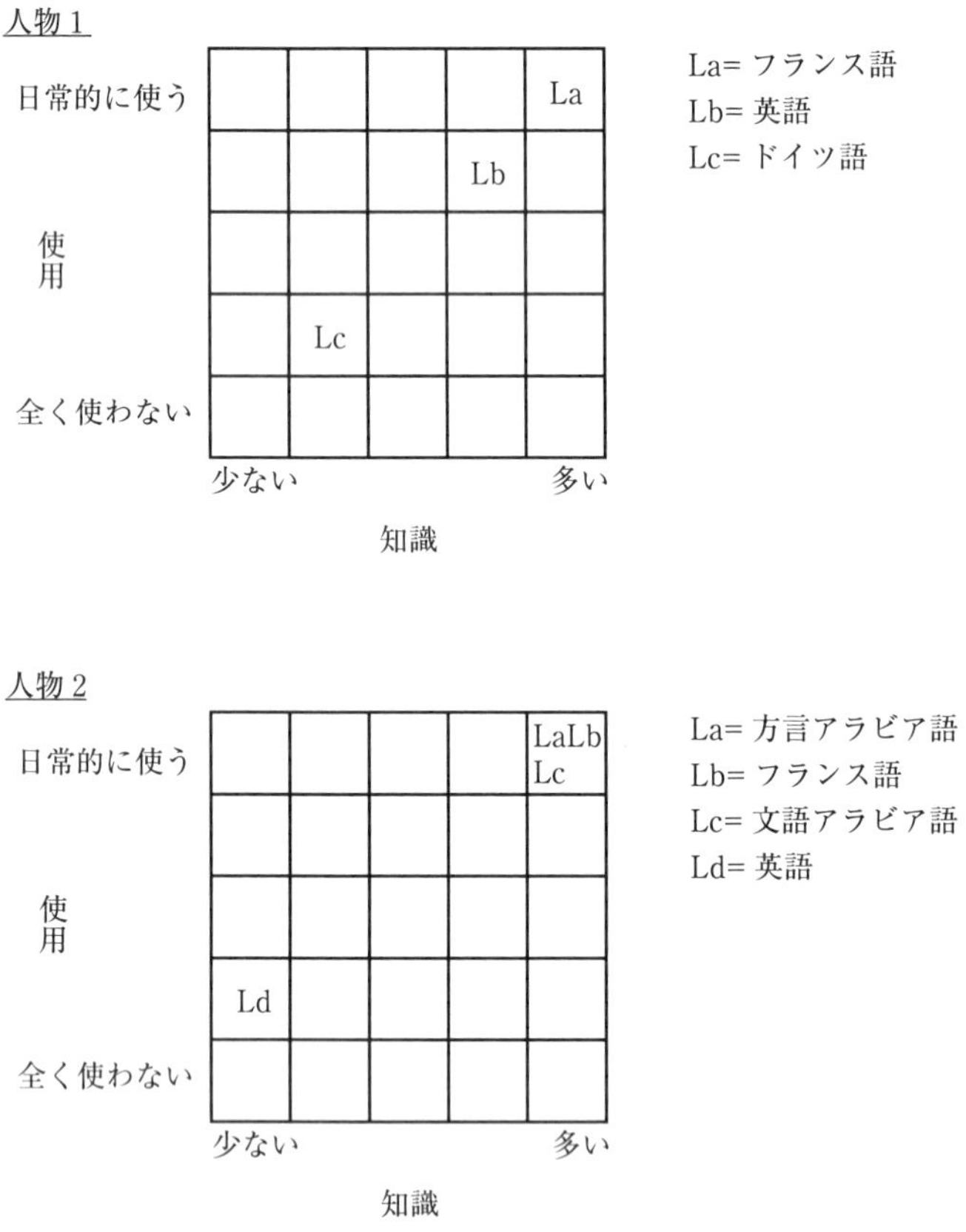

図1：２人の複言語話者における言語知識と言語使用の図解

いよく知っており、しばしば使用されているものの、フランス語よりは使用頻度が低いので、やや左下に位置づけられます。ドイツ語（Lc）は学校で習得した言語ですが、あまり知識もなく、ほぼ使うことはありません。したがってグリッドの左下に位置づけられます。こうすればはっきりするように、言語「使用」と言語「知識」の評価基準に従うと、この人はフランス語と英語のバイリンガルで、ドイツ語を少し知っていることになります。このような人は非常に多く存在します。すなわち二言語を定期的に使用しているバイリンガルなのですが、それ以外にも他の言語の知識をいくらか持っている、という人です。

下のグリッドで、人物2は方言アラビア語（La）とフランス語（Lb）、そして文語アラビア語（Lc）のトライリンガルです。この人は三言語をよく知っているだけではなくて、三言語を日常生活で使用しています。この人はまた英語（Ld）についても多少の知識を持っていますが、ほとんど使用しません。

このようにバイリンガルや複言語話者を提示する方法は、たいへんに便利です。よく知っていて定期的に使用している言語（グリッドの右上）が一目でわかり、またポリグロットの場合によくあるように、さまざまなレベルで、単に知っているだけでまったく使われていなかったり、ほとんど使われない言語（グリッドの左下）を区別することができるからです。多くの場合、多言語話者の保持する言語とはそのようなものです。別の利点として、このグリッドはバイリンガルの人の言語習得の歴史を記述できるのです。人生のなかである人の言語プロフィールに変化があった時期ごとにこのグリッドを埋めれば、複数言語の展開をやすやすと記述することができます。このように視覚的に表示することで、バイリンガルの人の言語四技能（スピーキング、リスニング、ライティング、リーディング）についても、一つの技能ごとに一つの欄を使えば、ある時点での状態や、複数の欄を使うことで時系列にそった言語能力の変化を示すなど、さまざまな状態を調べることができます。最後に、バイリンガルの主観的尺度や、客観的なテスト結果を用いることで、自己評価を行ったり、他者から評価してもらうこともできます。

なまり（アクセント）

バイリンガルの人の言語知識について語るとき、発音の要素がまず話題に上ることは珍しくありません。実際には形態論や統語論、意味論、語用論など、他にもたくさんの要素があるのですが。バイリンガルはいずれの言語にもなまりがないはずだ、との固定観念が存在します。しかしバイリンガルのほとんどは、一つまたは複数の言語になまりがあります。たとえばナポレオン・ボナパルトは、母語であるコルシカ語よりもフランス語をずっと後になって習得し、生涯にわたってコルシカ語なまりのフランス語を話しました。マリー・キュリーのフランス語には、顕著なポーランド語なまりがあり、サミュエル・ベケットはアイルランド語なまりを失いませんでしたし、エルサ・トリオレ（1896–1970、モスクワ生まれのフランスの作家）はロシア語なまりを恥じることがありませんでした。

ある言語について持ちうる知識となまりとのあいだにはまったく何の関係もないのです。外国出身のさまざまなフランス語表現作家のように、ある言語について卓越した知識を持ちながら、その言語で話すときにはなまりのある人もいれば、幼少時にその言語を習得したためになまりもなく発音するものの、その言語についてはあまり知らない人もいます。ですから、もうそろそろ、バイリンガルの定義から「なまり」という基準を消し去るべき時なのです。

なまりは、ある言語での新たな要素が、その人がすでに知っている言語の他の音に置き換えられるときにあらわれます。たとえば、英語の〈th〉の音はフランス語話者によってs、z、f、vの音に置き換えられるかもしれません。また、ある言語での近い音が正確に弁別されないこともあります。英語の"seat"と"sit"は異なる発音ですが、フランス語話者ならば、フランス語の"i"の音をもとにまったく同じように発音するかもしれません。映画『Gigi（邦題：恋の手ほどき）』で、フランス出身の映画俳優モーリス・シュヴァリエ（1888-1972）は英語の有名な歌を歌いますが、リフレインの部分"thank heaven for little girls"を、ずっと"Sank evven for leetle girls"と発音していました（わざとやっていた、という人もいます）。なまりは、韻律（単語や文のアクセント）やイントネーションにも現れます。

ある言語をなまりなしに習得するためには適切な時期がありますが、その上限について研究者の意見は一致していません。六歳が限界年齢だという人もいますが、それは言い過ぎです。むしろ一〇歳から一二歳まで、あるいは一五歳まで、というところでしょう。なぜなまりが現れるのでしょうか。人間の発達の側面はさておいても、これはいくつかの要因によって説明することができます。ジェイムズ・フレーゲとその同僚[*6]は、問題となる言語の音韻に関わる細部を正しく認識していないこと、コミュニケーションがうまくいっていれば言語のなまりをあまり気に留めなくても済むこと、学習者の動機付けについて、また個人差（たとえば、なまりを保持することにより自分の出自を示すことを望む人もいれば、それをなんとか消し去ろうとする人もいます）、さらには、その人が聞いている言語そのものにも言及しています。すなわち、話者はなまりのない別の言語話者との接触が多ければ多いほど、その人自身の発音になまりがなくなるのです。

バイリンガルは、保持する言語の一つになまりがあると何らかの不利益をこうむると強調しています。つまり、その人が話している言語や、その言語の帰属集団が容認されていないときに目立ってしまったり、多数派言語を十分に正しく学習する努力を払っていない、との印象を与えてしまったり、その言語の話者とコミュニケーションを行うときに何か問題が生じてしまったり、多数派の言語のネイティブ・スピーカーであるとの印象を与えてしまうような名前を持っているために、他者をとまどわせてしまったり、緊張していたり感情的になったとき、なまりが増えてしまうことがあります。しかし不利益の一方で、なまりがあるために得られる利点もたくさんあります。いくつかの外国語なまりは肯定的に受け止められます。たとえばフランス語を発音するときの英語なまりや、ドイツ語を発音するときのフランス語なまりのようなもので、エンターテイメントの世界でもよく見られます。なまりは、自分の帰属する集団を示し、誤解を避けることもできます。というのも話し相手に向かって、自分はネイティブ・スピーカーのように（実際にはそうであることが多いとしても）その言語を知っていると期待しないように伝えることができるからです。そしてなまりは、話し手を守ることもできるのです。よく知られたバイリンガル作家のナンシー・ヒューストン［カナダ生まれの英語とフランス語表現の作家（1953-）］は次のように説明しています。「ネガティブな偏見を持っている人は多いけれど、私は、なまりのある人についてポジティブな偏見を持っていますよ。誰かの声に外国のイントネーションが聞こえると、私は、すぐに興味と共感を持ちます。その人と直接に何かやりとりするわけではなくても（……）、なまりのある声が聞こえたらすぐ私は耳をそばだて、その人のことをこっそり調べて、その人の存在の持つ他の姿を、はるかに映る側面を想像するのです」[*7]。

スイスやカナダのように複数言語を公認している国では、他の言語地域の人が、特に政治家が大人になってから習得した国語をなまりながら話すのをラジオやテレビで聞くのは、ごく当たり前のことです。それは当然のことですから、誰も驚きはしません。それに、話し手が発信しているメッセージに集中するため、なまりのような特徴はただちに除外してしまいます。公式に単一言語政策を取っているけれども、数多くのバイリンガルが住んでいるフランスのような国でも、いつかはこのような国になればよいと思います。地方のなまりであれ、外国のなまりであれ、なまりを持つことは、個人が国へどのくらい帰属しているかを反映するものではまったくないのです。

相補性の原理

片方の言語でよく知っていることがらについて、もう一つの言語で話したり、「劣勢言語」［原文では mauvaise langue. その領域について話すためにふだん用いない方の言語の意味］の方で何かを説明

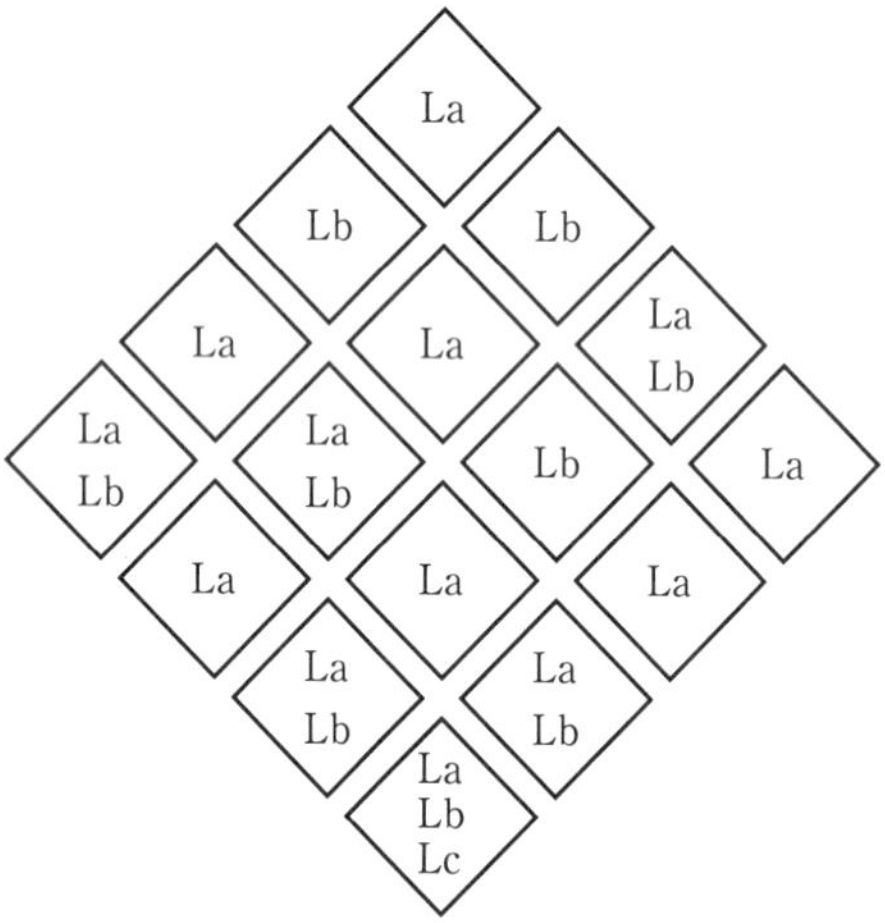

図2：あるトライリンガルの人における相補性の原理の図。言語 La, Lb, Lc の言語使用領域がそれぞれ四角形で示されている。これと同じような図はどんなバイリンガルの人についても構築することができるもので、その図はそれぞれ固有の配置を持ちます。

したり、あるいは片方の言語でしかよく知らない領域について、何かのことばを通訳するときに、苦労したことのないバイリンガルがいるでしょうか。そういうときにバイリンガルがためらうのを見て、モノリンガルの人はしばしば、すぐにこんな風に尋ねるものです。「え、でもあなたはバイリンガルだと思っていたけど」。しかしこのような状況は相補性の原理の強さを示しているのです。バイリンガルはさまざまな状況で、異なる人々と、それぞれ異なる目的のために、二言語を学び、使用するのです。日常生活の中のさまざまな場面が、さまざまな言語を必要とするからです。[*8]

この原則を例証するための図2は、いくつもの四角形によって複数言語の使用領域を表示しています。すなわち仕事や学業、近い家族、遠方の家族、家庭、買い物、余暇、役所、休暇、衣服、スポーツ等を表現しています。そこにさまざまな言語活動、たとえばものを数える、計算する、歌う、祈る、独り言をいう、といったものを加えます。この例を見ると、この人はトライリンガルで、その人の言語は記号La、Lb、Lcで表わされています。四角形に記載の言語を数えると、七つの領域や活動がLaのみによって覆われており、三つの領域がLbによって、五つの領域がLaとLbによって、一つの領域が三言語によって覆われているのがわかります。

このように、領域や活動によって言語を分類する方法は、「ダイグロシア」という概念が存在している社会でよく知られています。ダイグロシアという概念は、二言語を使用する、あるいは一言語の二つの変種（たとえばスイスにおけるドイツ語とスイスドイツ語、またアラビア語圏の国々における方言アラビア語と標準アラビア語）を使用するときにそれぞれ相補的な役割を担うことを指すものです。ダイグロシアの環境に暮らしていないバイリンガルの個人にとって、言語により役割を分割することは自明なものではありません。なぜならば、前述のように、複数言語を用いることが可能な領域や活動は存在するからです。それはともかく、一言語のみに限定される領域や活動は、ある程度、存在するのです。お祈りやものを数える、計算をするといった、記憶して行うことがら、またさまざまな感情を表現したり、誓うといったことがらは、一言語のみに限定されることがよくあります。今日われわれに必要なたくさんの電話番号やパスワードは、一言語で記憶されていることがほとんどで、他の言語で思い出そうとしても困難です。

相補性の原理はさまざまな著作の中で、証言を頼りに何度も論じられてきたものですが、このような名称で呼ばれることはありません。ブルガリア出身のフランスの思想家、文芸批評家ツヴェタン・トドロフ（1939–2017）は、母語のブルガリア語を使うのは今では、パリに住む少ないブルガリア人と会話の最後にかわす数語のやりとりや、両親との手紙のやりとり、また掛け算表やののしりことばといった、きわめて機能的な範囲に限られると伝えています。[*9] また言語学者で社会学者のアーメッド・ブクスは、自分がいまフランス語で語ったばかりのことをベルベル語では言えない、とも述べています[*10]（ちなみにこれはバイリンガリズムに関する講演の際に言われたことです）。その逆に、日常生活や喜怒哀楽の表現の中にはフランス語で言えないものもいくつかあるのだそうです。言語学者のクロード・アジェージュもまた相補性の原理を主張し、二言語の知識は機能に応じた特殊化が存在しないことを意味するものではないと説明します。つまり、ある経験の領域では、ある言語が別の言語よりも好まれることがあるのです。[*11] ナンシー・ヒューストンは次のように述べます。「私の場合は、知的な会話やインタビュー、講演、それに成人してから学んだ概念やカテゴリーを使う言語状況でいつも使いやすいのはフランス語です。その逆に、まとまりのない話をしたり、くつろいだり、ののしったり、歌ったり、叫んだり、おしゃべりの純粋な楽しみに身をまかせたいときには英語を使います[*12]」。

相補性の原理は言語使用を強調しますが、これはまたバイリンガリズムを定義する要素の一つである、バイリンガルの人の言語知識にも間接的に影響します。実際、ある言語が限られた領域や活動で、当然ながらあまり多くない話し相手を前に使用されるとき、その言語は、より広い文脈で使用される別の言語ほど発達しません。これは十分にありうることです。さらにあまり使用されない言語で読み書きできる場合には、スピーキングだけでなくライティングについても、語彙が少ないことに加えて、文体のレベルや談話や語用論の知識が影響を受ける危険性もあります。

相補性の原理についての研究が進めば進むほど、それがことばの知覚や産出、単語の記憶、バイリンガルの子どもにおける言語習得（これについては第3章で論じます）、そして言語に影響を与えることがわかってきました。[*13] 一つの例を挙げましょう。ヌーシャテル大学で言語療法を専攻する二人の学生が、言語産出に関する相補性の原理の影響を確認するため、バイリンガルにおける言語配置について研究しようとしました。[*14] フランス語圏スイスでのフランス語とイタリア語のバイリンガルのグループに対し、いくつかの領域や活動の中でどのように言語を使い分けているかを示してもらうよう頼んだところ、ロクランヌ・ジャカールとヴァネッサ・シヴィダンは、その活動の半数以上が一つの言語にとりわけ結びついていることを発見しました。仕事や買い物、行政の手続き、交通などでは、フランス語を使うほうがより簡単でしたが、（遠い・近いを問わず）親戚とのやりとりや、宗教の実践にあたっては、むしろイタリア語を利用していました。活動については、たとえばノートを取ったり手紙を書いたり、計算することはフランス語で行われていましたが、歌ったり、祈ったり、またののしるといった行動はイタリア語で行われました。学生たちはまた複数の参加者に、フランス語とイタリア語でそれぞれ尋ね、それらの言語が頻繁に用いられる領域（強い条件）と滅多に用いられない領域（弱い条件）を選びました。そこで得られた口頭での産出データを分析すると、強い条件下では、それがフランス語であってもイタリア語であっても、産出はより簡単に行われ、参加者はもう一方の言語の力を借りることがより少なかったのです。その逆に弱い条件では、参加者は発話に苦労し、言いたいことを表現するためにすぐにもう一方の言語に移りました。バイリンガルの人ならば誰でも、インタビューのときに「劣勢言語」で話さなくてはならないことに苦労する実験参加者に、すぐ自分自身を重ね合わせることができるでしょう。この点で、翻訳者や通訳者は、少なくとも専門とするいくつかの領域において、ある言語で言われたことを別の言語で正確に言い換えるために、相補性の原理に習熟し、その動きに抵抗しなくてはならないことに注意しましょう。

相補性の原理は、バイリンガルの人の心理言語学的な側面全体に影響を及ぼすだけでなく、言語的優位性の概念もくつがえすものです。現在にいたるまで、一つの言語において優位であると判断されたバイリンガルは、専門家によれば、その言語の言語知識をより深く持っているか（これが数多くの研究者の考える第一の基準です）、複数の言語のうち一つの言語で読み書きができるか、あるいはこの言語を別の言語よりも頻繁に使うか、またこれらの異なる側面の組み合わせであるのです。しかし相補性の原理を相当に考慮するならば、事態は複雑になります。確かに我々は図2にあるように、ほぼ毎日、二言語がアンバランスな関係にあることを観察するでしょう。それは先ほど見てきたように、バイリンガルが一つの言語をさまざまな領域や活動のために使い、また異なる回数で使うためです。確かに、図2を精査すれば、ここで取り上げられている人は、少なくとも使用という基準に照らせば、Laが優位であるように見えます。というのもこの言語は単独で、あるいは別の言語と一緒に一三の領域や活動で用いられているのに対し、Lbは九回しか現れていないからです。しかしながらLbは三つの領域で独占的に使われているため、この要因に関する限りでは、この人はおよそLaに優位であるが、三つの領域と活動においてはLbが優位であると提案すべきではなかったでしょうか。このことは、バイリンガルの人における優位性の概念をよりよく反映しているのではないでしょうか。

相補性の原理がよくわからないと、すなわち、バイリンガルの人が暮らしのさまざまな面でさまざまな言語を求めていることを十分に理解しないと、バイリンガルの人の本質に関心を持つことができないでしょう。基礎研究であれ応用研究であれ、バイリンガリズムについての研究者ですら、相補性の概念がどれほど重要であるかを忘れたり、また知らないと言わねばなりません。たとえばアンヌ・カトラーやジャック・マーラー、デイヴィッド・ノリスやジュアン・セギ[*15]らは、一流の心理言語学者ですが、英語とフランス語のバイリンガルの被験者を、英語が優勢な者とフランス語が優勢な者との二つの下位集団に分ける方法で探究しました。さまざまな試みの後、研究者らは被験者に、もしも重病にかかって命を取り留めるには脳の手術が必要となり、その結果としていずれかの言語を失わなくてはならないとすれば、どちらの言語を残したいと思うか、という質問をしました。しかし、一言語のみに回路を限定し当該の人たちの言語配置がどのような損失を受けるのかを理解するには、図2を検討するだけでよいのです。重要な領域の中には言語によって扱われないものがあり、また一部だけが扱われるものもあります。さらに、このようなアプローチを取ることによって、これまでに見てきたように、バイリンガルの言語領域に関する問題が解決できるかどうかはわかりません。前述の研究者らが考えていたように、バイリンガルとは、一人の人の内部に二人や三人のモノリンガルが存在して、はっきりとした部分に容易に分割できるものではなく、全体として一つのコミュニケーションを行う存在であり、これはとりわけ相補性の原理によって統合されているのです。

言語の変化

　ある個人のバイリンガリズムとは、生活のさまざまな出来事に影響される活発なプロセスです。したがってバイリンガルの言語配置は、さまざまな重要な変化に応じて変わるものです。たとえば職業生活を開始したり（子どもについては後に論じます）、カップルとしての生活が始まったり、引っ越しや移住、自分の持つ複数言語の一つを使って話をしていた重要な他者［「重要な他者」とは、心理学用語で、準拠集団になるような人のことを指す］を喪失した、といったことです。たとえば、図1で示した二人の言語状況の一〇年後について検討しましょう（図3）。その間に二人の住む地域や国が変わったとします。まず、言語リストの中に二つの新たな言語、スペイン語とスイスドイツ語が現れます。La（フランス語）とLb（英語）は変わっていませんが、Lc（ドイツ語）は一〇年前には左下に位置づけられていたものが、今では毎日のように使用されるため、言語知識は豊かになっています。図の矢印は、この一〇年間のLc（ドイツ語）の位置の移動を示しています。新しい二つの言語は、略語の左右にダッシュを付けて示してありますが、その一方（Ld）はよく知識があるものの、ほとんど使用されず、もう一方（Le）はほぼ毎日のように話されていますが、十分に習得されてはいません。

　二人目の人物についても、やはり一〇年間にいくつもの変化が起こっています。文語アラビア語（Lc）はまったく使用されなくなり、グリッドでは右下に位置づけられています。英語（Ld）は、

人物 1

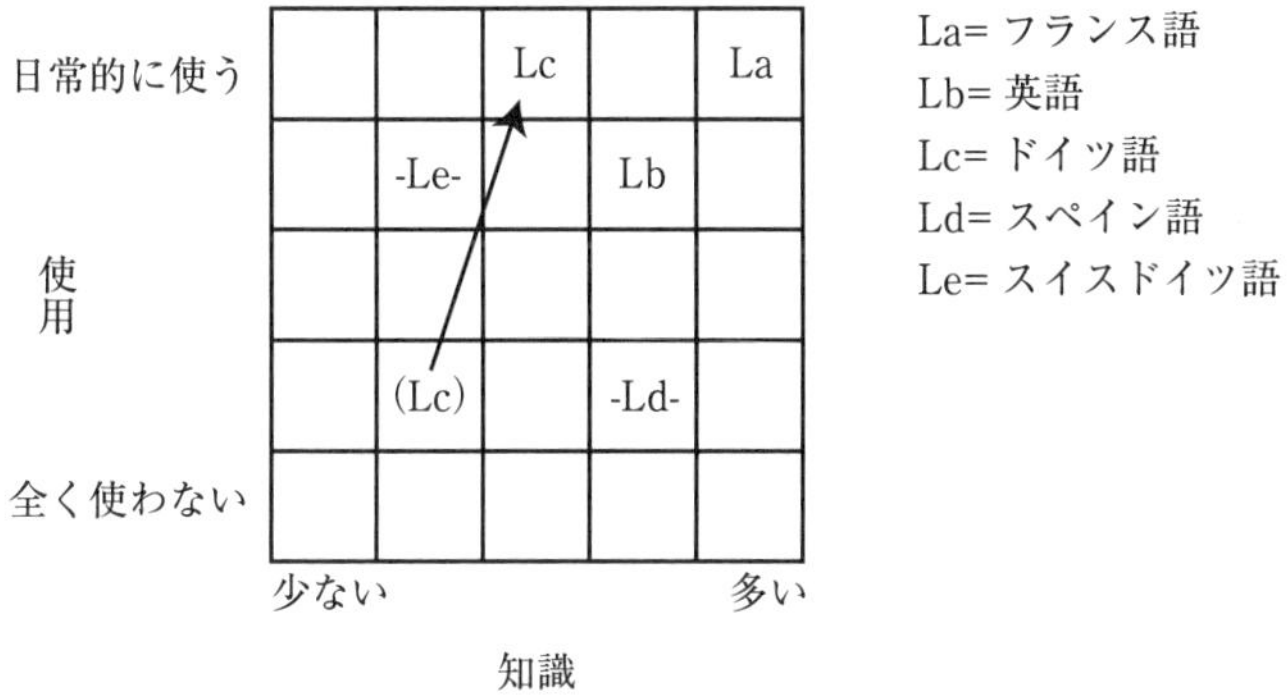

人物 2

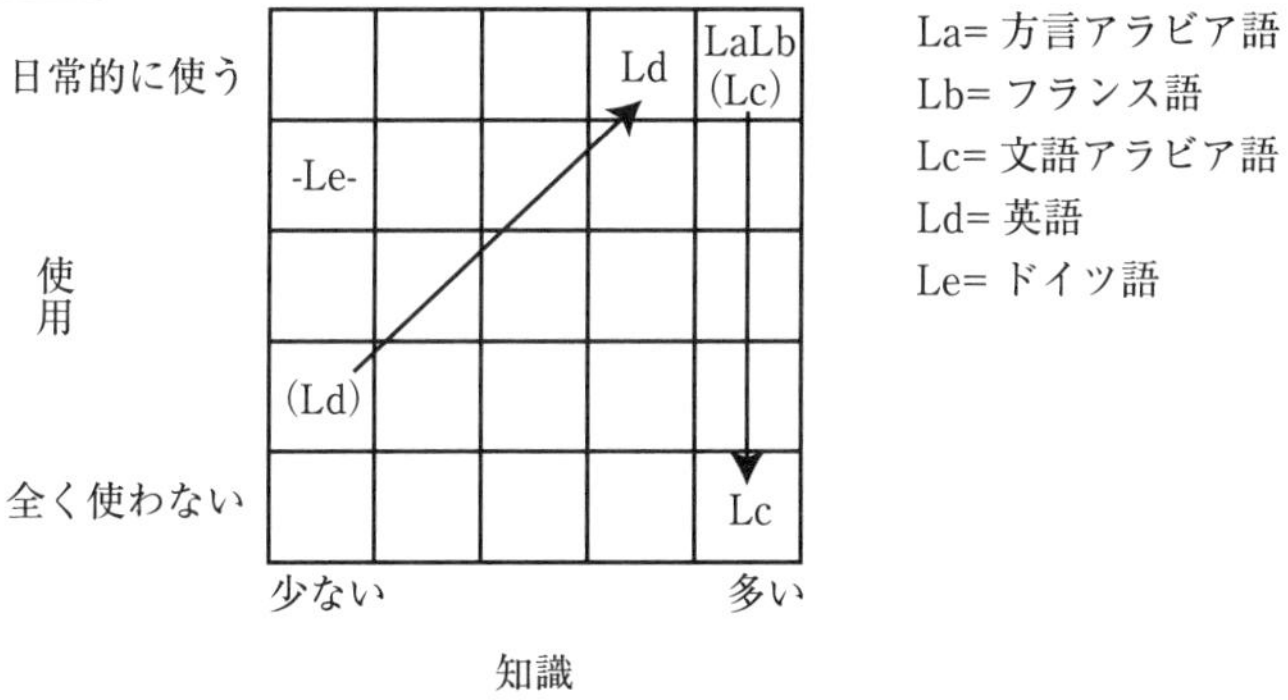

図 3： 図 1 の 2 人の人物の 10 年後の言語知識と言語使用の変化

あまり知識がなくほとんど使用されない位置から、十分な知識があり、よく使用される位置へと移動しました（このため矢印はななめ方向に向かっています）。新しい言語（Le）が現れています。今のところドイツ語（Le）はほぼ毎日使われていますが、その知識はまだ弱いままです。

　この二つの図は、バイリンガルや複言語話者の内部で、ほんの一〇年の間に起こりうる言語の変化を示しています。一生涯をみると、人生のさまざまな時点で言語を習得したり、あるいは使わなくなったり、個人の経歴に応じて「知識」と「使用」という変数のレベルが変わることにより、変化がこれよりもきわだつこともあります。研究者のリンダ・ガロウェイ[*16]は、人生のさまざまな段階で七つの言語を使用していたポリグロットの事例を報告しています。その人はまずハンガリー語を習得し、それから四歳でポーランド語を習得しました。一〇歳でルーマニアに引っ越し、学校に通い、友達と関わる中でルーマニア語とイディッシュ語を学びました。一二歳でハンガリーに戻ってから、ドイツ語、英語、ヘブライ語を学びました。彼はドイツの大学で学んだため、数年間はドイツ語が彼の支配言語となりました。その後アメリカへ移住したため、英語がドイツ語に取りかわりましたが、妻とはハンガリー語で話し続けました。その後、彼は失語症に陥り、その時にこの研究者に会いましたが、その時点で彼の内部で三言語（ドイツ語、ヘブライ語、イディッシュ語）が眠っており、二言語（ルーマニア語、ポーランド語）が忘れられているようでした。

　私はこのケースよりも言語数が少ないのですが、拙著『バイリンガルの人生と現実』[*17]の中で自分自身の経歴を記しています。そこでは、人生の中で、支配言語がどのように何度も変わるのかを示しました。私は八歳まではフランス語のモノリンガルでしたが、英語を使用する学校で学んでいたため、英語が急速に支配的になりました。一八歳のときフランスに戻り、数年後にはフランス語が英語に取り替わりました。しかし、一二年間という長い期間にわたってアメリカに滞在すると、英語が再び支配言語になりました。最終的にヨーロッパに戻り、今回はフランス語圏スイスに戻ると、フランス語がその権利を再び獲得しました。ただし私の研究の言語はむしろ英語のままです。この経歴をみてわかるように、個人の第一言語は常に支配言語になるとは限りませんし、環境によって求められれば、他の言語に変わることがあります。

このようにバイリンガルは人生のさまざまな出来事に応じて言語配置を変化させ、安定的なバイリンガリズム期と再構築期を過ごすことになります。再構築期には、最も重要な言語、たいていの場合は生活言語の使用領域数がずっとふえ、周辺的な言語の使用領域数は減っていきます。さらに、生活言語の言語知識（語彙や文法など）は日常生活で使用されるために発達します。これに対して一つ、あるいは複数の周辺言語の能力は、それが第一言語であり、バイリンガリズムが進展しない場合でも、影響を被ることになります。

ベルナール・ピーと私、そして学生のエリアーヌ・ジラールは、第一言語としてのスペイン語能力がフランス語との長期にわたる接触状態に置かれたときの再構築化について検討しました。[*18] スペイン語話者の移民が、スイスのヌーシャテルに来てから二〇年後に保持している言語的特徴を調べたところ、それらの特徴のすべてが若いころに習得したスペイン語の変種を含んでおり、フランス語と接触する中で習得されたヌーシャテル方言の言語変種も含んでいました。たとえば、スペイン語は名詞と名詞句を作る不定詞とを同等に扱います。Decidío llamar al médico.「彼は医者に電話することを決めた」という文は、フランス語では Il a décidé d'appeler le médecin. になりますが、フランス語話者となったスペイン語話者は、フランス語の影響を受けて、不定詞の前に "de" を置いて Decidío de llamar al médico. とする傾向があります。この "de" は本来なら、他の前置詞がすでになければ現れないものです。もう一つ別の例として強調文を取り上げましょう。スペインのスペイン語の規則はフランス語よりも複雑ですが、フランス語と接触するにつれて単純化が起こりやすくなります。たとえば強調文 Es mañana cuando llega mi hermano.「兄が来るのは明日だ」という文は、フランス語では C'est demain que mon frère vient. となるため、この影響を受けて Es mañana que llega mi hermano. となることがよくあります。

フランス語のヌーシャテル変種が確認されるか、また受容されているかどうかを知るために、私たちは次の研究を行いました。二〇年前に成人となり、その頃にフランス語の知識をもっていなかったものの、そののちにバイリンガルとなった一五人のスペイン人にアンケートを行い、さまざまな言語の特徴に気が付くか、また容認できるかを数値で示してもらいました。たとえば、1：「まったく使わない」から7：「いつも使う」まで、そして1：「容認できない」から7：「完全に容認できる」までを数値で示します。統制群として、平均年齢が同じで、フランス語をまったく知らない一五人のスペイン人に参加してもらいました。フランス語のヌーシャテル変種がさまざまなレベルで意識され容認されていること、また実験参加者がそれらをスペイン語変種ときちんと区別していることがわかりました。つまりこれらの話者の言語能力の中で、フランス語のヌーシャテル変種は、「ほとんど統合されていない」から「よく統合されている」まで連続しているらしいのです。

それはさておき、一つの例外を除いて、ヌーシャテル変種はスペイン語変種よりも使用される回数が少なく、あまり容認されていないとみなされていました。まとめると、いくつかの言語特徴をみると、このバイリンガルの人々はスペイン語について、以前は一つの変種を持っていたのですが、今では二つの変種を持っており、それはフランス語との接触によるものだったのです。

私はこの結果をアメリカの言語学者ノーム・チョムスキーに伝え、解釈を尋ねてみました。というのもチョムスキーは長年、成人の第一言語能力は変更されることがない、という見解を主張しているからです。チョムスキーの解釈は、ヌーシャテル変種について得られたデータは、ここでのバイリンガル話者の持つ、より開かれた認知スタイルに結びついている、というものでした。確かに、新しい言語環境に移住すると、数多くの表現方法に直面するため、文法レベルで容認できるものがより広くなります。この認知上の開きは文法性を判断する上での基盤となり、一つの言語について個人が保持している知識を反映するものにはならない、というわけです。

では、スペインから子どもの頃に移住し、現在は成人しているバイリンガルの人たちは、どれほどヌーシャテル変種を容認しているのでしょうか。この人たちはみなヌーシャテルでフランス語による学校教育を受けましたが、スペイン語をマスターするため、領事学校［フランスの商工会議所の下位組織に当たる学校］にも通っていました。さて、彼らの言語能力は、両親のものに似ているのでしょうか、それともきちんとしたスペイン語の授業を受け、頻繁にスペインに旅行しているので、スペインのモノリンガル話者の言語能力に似ているでしょうか。結果を見ると、彼らの言語能力は両親が一五年前に獲得した能力と同一だったのです。さらに私たちは、フランス語からスペイン語にいくつかの文章を口頭で訳してもらい、親の世代と同じようなスペイン語変種が現れるかどうかを見ました。するとその通りでした。通訳のタスクでは認知上のスタイルはもはや問題とはならないので、この実験から、第一言語はまさに他の言語と接触しても再構築されうることが認められたのです。しかも、第二言語と接触する以前に一言語だけで育った人においても変わりません。

ヌーシャテルに住むスペイン人はフランス語とスペイン語を積極的に使うバイリンガルですが、リンダ・ガロウェイの事例にみられるように、ある言語がまったく使われなくなることも起こります。その言語は休眠状態に入り、摩耗段階を経て、しだいに喪失の段階に入ります。しかし、完全喪失の段階に意義を唱える人々もいます。その言語が単に活性化されておらず、抑制されているにすぎないと主張するのです。言語の摩耗は言語習得と同じくらいよくあることですが、その研究は言語習得に比べてはるかに遅れています。重要なことは、その使用領域が大幅に減少し、ついには存在しなくなることです。さらに、その人がその言語を話そうとしても、単語や表現を探さなくてはいけないので、言語産出はためらいがちになります。もう一つの言語が干渉、ときには借用やコード・スイッチングを行うバイリンガル・スピーチの形で介入するようになります。その言語の発音までもが、より強い言語の影響を受けます。リスニングも同様に影響されますが、スピーキングほどの影響は受けません。しかし、新語や「流行の」表現はかなりわからなくなります。ライティング能力があったとしても、次第に書くことを難しいと感じるようになり、やがてできるならば書記言語の使用を避けるようになります。徐々に、その言語に対する自信を失っていくために、その言語を使う機会を減らすようになったり、その言語が使われている会話を短く切り上げるか、言語を変えるようになり、そのことばを失ったこと、あるいは失いかけていることについて、申し訳ないとか、残念だと言って謝ることがよくあります。またこの罪悪感は、その人の出身国や出身地域でその言語が多数派であったり、その人の苗字が出身言語を反映するものであったりした場合により強くなることがあります。言語を忘れることは言語を覚えることとまったく同じように自然なことですが、それが引き起こす感情は、当事者にとっても、当事者の周囲にいる人たちにとっても、まったく同じではないのです。

結論として、私たちが採用した全体論的なアプローチに立ち戻りましょう。バイリンガルとは、二言語またはそれ以上の言語を別々に、あるいは同時に使い、自己表現を行う一人のコミュニケーション主体を指すものです。言語の変化に関して、バイリンガルは一つのコミュニケーション能力を維持しつつ、言語ニーズに応じて、モノリンガルとバイリンガルの連続体の中を変化します。ある新たな状況に直面すると、バイリンガルには保持する複数の言語のうちの一言語について特定の能力を発展させることが求められ、また別の状況では、こうした能力が存在しなくなったり徐々に解消することが求められ、さらに別の状況では、バイリンガルの人が日常生活の中でますますバイリンガル・スピーチを行うことが必要になります。バイリンガルの言語能力を包括的に分析することによって、コミュニケーションの主体が、基本的なコミュニケーション能力を維持しつつ、どのようにしてバイリンガリズムの内部を、あるいはバイリンガリズムとモノリンガリズムのはざまを進んで行くのかがわかります。環境やニーズ、立場の変化により、人はしばしば自分の言語能力を再構成します。こうした要素は一方で、長期的にみるとコミュニケーション能力にまったく影響を及ぼしません。安定的な言語状態にふたたび到達すれば、コミュニケーション能力そのものはまた同じ状態に戻るのです。

言語モード

どのようなバイリンガルの人も、自分がモノリンガル話者と一緒にいるか、同じ言語を共有するバイリンガルと一緒にいるかによって、話し方を変えていることをわかっています。前者のモノリンガルの人とはもう一つの言語を使わないようにして、バイリンガルの人とも、機会さえあれば、別の言語を使わないようにすることもあります。バイリンガルはいつどのような時でも、心理的、社会的、言語的要因に基づき、あらゆる場合に無意識的に、会話のためにどの言語を用いるべきか、「バイリンガル・スピーチ」の形で話者が理解できる別の言語を使ってよいのかを考えているのです。バイリンガル・スピーチとは、一つの言語を基本的に用いながら、コード・スイッチングによって、また借用語や借用表現を用いて、異なる言語の要素を加えることです。もし、もう一つの言語が不必要か不適切であるなら、バイリンガルはそれを使わないでしょう。心理言語学的に表現すると、それは活性化されないのです。これに対して、もしそれが役に立つのであれば、バイリンガルはもう一つの言語を使うでしょうが、その言語の活性化のレベルは、やりとりに使っている言語よりも低くなるでしょう。

バイリンガルの人はその活動の中で、同じ連続体に属するさまざまな言語モードの間を縫って歩みます。[19] 連続体の一つの極で、バイリンガルの人はモノリンガル・モードに従っています。バイリンガルの人の保持する他の言語を知らないモノリンガルや、他の言語を共有していない人の前では、一言語のみを使用せざるをえません。連続体のもう一つの極にあるのは、本人とまったく同じ言語を話し、言語の混淆（バイリンガル・スピーチ）を受け入れるようなバイリンガルです。この両極の間に、さまざまな中間モードが存在します。二言語による会話を想像してみましょう。たとえば話者がフランス語を基盤言語として使用しているとき、やりとりに用いられているフランス語は完全に活性化されています。もう一つの言語である英語は、話者が定める連続体の中での位置によって、非活性化されたり（モノリンガル・モード）、部分的に活性化されたり（中間モード）、活性化されたり（バイリンガル・モード）します。

この連続体での位置は、共有する言語の知識、バイリンガル・スピーチに対する態度、やりとりが行われる文脈、内容、目的など、話者に関連するさまざまな要因によって決まります。言語モードは、話者がモノリンガルであるか、他の要因によって一言語で話さざるをえない場合には、モノリンガルになります。たとえばバイリンガルの人がモノリンガルの家族に話すときや、保持する言語のなかでも一言語のみを共有する友人に話すとき、またはその言語で書かれた本を読むときや、別の言語でテレビ番組を見る場合などにモノリンガルになります。逆に、言語モードがバイリンガルとなるのは、話者が二人ともバイリンガルで、バイリンガル・スピーチの形式で別の言語を使うことを容認している場合です。中間モードについては、二人の話者のうち一方がもう一つの言語をよく知らない場合や、やりとりの途中にその言語を使いたくない場合、コミュニケーションを一言語のみで行なう必要がありますが、別の言語でしか言えないような専門用語があり、その言語だけではすべてを表現できない場合などに現れることがあります。

言語モードについてよりよく理解するために、フランス語話者を実験参加者としてアメリカで行われた小規模な実証研究を取り上げましょう。[*20] 私たちが示したかったのは、モノリンガル・モードとバイリンガル・モードの連続体にそって起こる移動と、その移動における二つの要素、すなわち話題と話しかける人（話し相手）の重要性です。ボストン在住の何人かのフランス語と英語のバイリンガルの人に対し、「これから話す短い物語を要約し、この場にいない人のために絵を描く」よう求めました。この研究目的は、電話の連絡網のような形式のコミュニケーションでの情報維持率であると説明しました。第一の要素、すなわち話題と絵について、半分は典型的なフランスの状況についてのものでフランス語のみで話され、もう一方は、感謝祭のような典型的なアメリカの場面で、コード・スイッチング（英語の単語や表現）が含まれていました。われわれは録音を聞いてもらう実験参加者に、三人の話し相手について説明しました。Fは、ポスドクの研究のためにアメリカに来たばかりで、書きことばのレベルで英語を十分によく知っていますが、うまく話すことはできませんでした。アメリカに七年在住するBaは、フランスのある組織で、フランス語教育と文化イベントの運営に関わっています。子どもたちはバイリンガル学校に通っており、彼は英仏二言語が話せますが、家ではフランス語のみを話しています。Bbはやはり七年前からボストンに暮らし、地元のアメリカ企業で働いており、フランス人とアメリカ人の友達にかこまれ、二言語を家で使っています。彼の子どもたちは地元の学校に通っています。

実験後に配布された質問紙をみると、バイリンガルの参加者は三名の聞き手を同様に理解していなかったことがわかりました。Fは英語がよくわからないと思われていたので、コード・スイッチングをまったくしていないか、またはほとんどしていないと思われていました。Baは英語の能力は高いものの、やや純正語法主義者と思われたため、バイリンガル言語モードのときに英語をほとんど使いませんでした。Bbも、やはり英語をよく知っていますが、ふだんからきまってバイリンガル・スピーチを行っているので、よいイメージを持っていました。これらの結果から、二つの重要な要素が使われていることがわかりました。話題と絵に関しては、アメリカの場面に関するときに、バイリンガルの英語による産出はフランス語の一〇倍に増えました。実際のところ、たとえばハロウィンなどの場面ではフランス語でこれにぴったり当てはまる単語を見つけるのは難しいのです。話し相手をみると、Fに対する発話には、フランス語の音節と言いよどみが最も多く見られ、英語の音節（コード・スイッチング）はごくわずかでした。バイリンガルの実業家であるBbに対する発話では、その逆でした。つまりフランス語の音節と言いよどみは最も少なく、英語の音節の割合が最も高くみられたのです。Baについて、参加者が彼に話しかけたことばは、FとBbの中間にあたるものでした。つまり、コード変換はありましたが、それはBbに対する場合よりも少なかったのです。

このいくつかの研究をみると、言語モードにかかわる心理言語学的な実態と、検証によって得られた二つの重要な要因がわかります。外国の現実に直接に関わるようなテーマは、話者が二つの言語を知っている場合には、もう一つの言語を使うことによってより簡単に記述されます。話し相手も大切な役割を果たしています。バイリンガルの参加者はみな、Fが英語に十分慣れ親しんでいるとは判断せず、コード・スイッチングをしませんでした。このため、フランス語のみで状況を説明したり話を要約せざるをえませんでしたが、これにはより多くの言い換えが必要になるため、フランス語の音節の使用が増え、またフランス語では表現しがたいような状況をなんとか記述しなければならなかったので、言いよどみも増加したのです。一方で、話し相手Bbに対しては、使いたいときに英語を使うことに何の問題もありませんでした。Baに対して、参加者は彼が英語による置き換えを理解するであろうことは十分に承知していましたが、Baがバイリンガル・スピーチを好まないだろうと思ったため、英語に置き換えることをためらいました。そのためにBaについての実験結果は、FとBbの中間となったのです。

バイリンガルはこの連続体上でもそれぞれ異なる位置にいることにも注意しておかねばなりません。バイリンガル・スピーチをまったく、あるいはほとんど使わない人は、バイリンガルの一つの極にあることは決してない一方で、バイリンガルの保持する複数言語を共有する人々に囲まれて、言語モードを頻繁に変えたり借用語を頻繁に用いるために、ほとんど常にこの極にある人もいます。そして、この連続体での移動も、外的要因の変化に応じて、いつでも起こりうるのです。このため、バイリンガルが最初はモノリンガル・モードでやりとりを始めたものの、数分後に相手もまたバイリンガルであることがわかると、連続体でバイリンガルの極にむけた移動が起こります。逆に、バイリンガル・モードにあると思っていたのに、会話が進むにつれて、相手の人がもう一つの言語を使うことを好まないとわかったとします。そうなると中間モードへの移動が起こるでしょう。

やりとりがバイリンガル・モードで行われるとき、基本となる言語はいつでも変更することができます。たとえば、会話の主題が、もう一つの言語の単語や表現を使うことが非常に多くなるときなどです。ある時点になって、話者の一人がたとえば「もう一つの言語に移ろうか。その方がずっと簡単だから」と言いながら、基盤言語を変更することが十分にあり得るのです。

もう一つの言語が活性化されるレベルの最大値および最小値は、まだ検討すべき課題です。バイリンガルが一言語のみを使わなければならないときには時々干渉を起こしますが、このことからもう一つの言語が完全に不活性化されることはないと考えられます。バイリンガル・モードでもう一つの言語が活性化するレベルは、基盤言語と同じくらい高まることがあります。それはたとえば、バイリンガルがある言語を話して、相手が別の言語を話す場合や、ひとりがある言語から別の言語へと通訳をする場合です。後者のとき、ある言語でリスニングが行われ、スピーキング(通訳)はもう一つの言語で行われることから、二つの言語が活性化していなくてはいけません。さらに、トライリンガルのケースもあります。彼らもまた、基盤言語を選択しなくてはならず、ひとりひとりの言語能力と、上述のさまざまな変数によって、モノリンガル・モード、バイリンガル・モード(二つまたは三つの言語が活性化されており、一つの言語が別の言語よりも活性化されている状態)、さらにはトライリンガル・モード(特に、話者が三言語以上を使えて、相手がそのうち二言語以上を知っている場合)に入るかもしれません。

最後に、バイリンガルの子どもに関わる教師や教育者、言語療法士といった方々、そしてさまざまな環境で子どもの言語産出を観察する人たちに向けて指摘したい点があります。モノリンガル・モードで「エラー」として分類される要素(たとえば干渉)は、バイリンガル・モードでは発言の完全な一部である場合があり、適切なコミュニケーションに貢献している場合があります。バイリンガルの子どもが活動しているときのさまざまな言語モードを考慮することなく、なんらかのバイリンガルをセミリンガルや無言語話者（alingue）とまでみなすような、結論を急ぐあまりにも多くの論文が書かれてきました。[*21]

言語の選択

やりとりにあたって、バイリンガルは言語選択を迫られることがよくあります。話し相手がバイリンガルの保持する言語のうちの一言語を使うモノリンガルであるか、相手がバイリンガルまたは複言語話者であったとしても、互いの共有する言語が一つしかない場合のように、モノリンガル・モードであれば言語の選択は簡単です。たとえばフランスの公職にある何人かの人で、仕事ではフランス語のみで発言するものの、プライベートや外国では別の言語を話す人々を思い浮かべてみればよいでしょう。スペイン出身のフランスの政治家マニュエル・バルス（首相在任期間2014-2016）やダニエル・コーン＝バンディ［フランス生まれのドイツ人欧州議会議員］、エヴァ・ジョリ［ノルウェー生まれのフランスの政治家、二〇〇九年から欧州評議会議員］、ナジャット・ヴァロー＝ベルカセム［モロッコ生まれのフランスの政治家、二〇一二年から二〇一四年まで女性権利大臣、国民教育・高等教育研究大臣などをつとめる］、ラシダ・ダティ［マブレブ移民二世のフランスの政治家、二〇〇九年から欧州議会議員］、ファドゥラ・アマラ［アルジェリアとの二重国籍保持者のフランスの政治家］、など多くの人々をみると、言語選択がいかに効果的な仕組みであるかがよく分かります。

バイリンガル・モードにおける言語選択は、これまで特に社会言語学において研究対象とされてきました。というのも、あるバイリンガルの人が別のバイリンガルの人に、個人として、また集団で話しかけるとき、（改まった・ふつうの・親密な）多くの言語レジスターに加え、多くの要素が独立しているときもありますが、ほとんどの場合には相互作用の中で、どの言語を選び、どの言語を選ばないかを決めているからです。この作業はふつう非常に素早く無意識で行われますが、この複雑な作業を示すために、言語学者クリスティーヌ・ドゥプレ[*22]の提示するあるケースを取り上げましょう。スペイン出身のマルタン家の食卓には、祖父、祖母、末の娘（二人の子どものおば）、そして九歳と五歳になる孫の男の子がいます。相手が誰であっても、祖父はもっぱらスペイン語で、また孫はフランス語で話をします。いっぽう娘は、会話の主題が何であっても、両親にはスペイン語で話しかけ、甥たちにはフランス語で話しかけます。祖母は、いくつかのルールに従って話すようです。まず話し相手のルールをみると、夫と娘に対して話したり、また誰にともなく小言を言うときにはスペイン語を使いますが、孫にはフランス語で話します。内容からみると、何かを命じたり怒りを表現するときにはフランス語を使いますが、思い出を語ったり、愛情をこめた注意や、謝意を表すときにはスペイン語を使います。同時に、孫に薬を飲むよう言ってきかせるときには二言語を使います。つまり、権威はフランス語で表現され、優しさはスペイン語で表現されるのです。

バイリンガルの言語選択を統制する要素として、四つの要素が、別々に、時には同時に用いられているようです。話し相手、やりとりの行われる状況、話題、そしてやりとりの機能です。話し相手に関して重要なのは彼らの言語習得の度合いです。ふつうわれわれは、効率的なコミュニケーションを確実に行うために、双方が最もよく知っている言語を選択します。たとえば、アメリカのメイン州でフランス語と英語のバイリンガル地域では、話し手はふつう英語で挨拶しますが、何らかのしるし、たとえばフランス語のなまりがあったり、英語が少なくなってきたり、少し視点がかみ合わなかったりして、言語を切り替えたほうがよいと察した場合には、いつでもフランス語に切り替えることができます。[*23] もう一つの同じくらい最も重要な要素は、話者がふだん使用している言語に関わるものです。お互いによく知っている間柄で、二人の間であらかじめ決められた言語がないというのは、たとえ互いがもう一つの言語を完璧に知っていた場合でも、稀なことです。ナンシー・ヒューストンとケベック州に住む兄（または弟）は、もともとは英語話者ですが、いつも二人で話すときにはフランス語を使っているそうです。[*24] そればかりか、二人の間でこの言語習慣が破られることは目立つので、それは質問やコメントの対象となるかもしれません。もちろん、もし第三者がやりとりに加わったり、あるいは話し相手が誰かを排除したい場合には、別の言語に簡単に切り替えられますが、その場合でもすぐにいつもの言語に戻るものです。

参加者の年齢も、言語選択における要素の一つです。しばしば、年長者がある言語を好んでいると、若い方がそれを尊重しようとします。またもう一つの要素に、一人または二人の話し相手の社会経済上の地位があります。たとえば、C・スコットン[*25]の説明によれば、ウガンダでは身なりのよい人には英語で話しますが、ケニアでは、英語を知っているケニア人に対してヨーロッパ人がスワヒリ語を用いると、そのケニア人はただちに英語で応じるでしょう。別の要因は、話し相手との間での親密さの度合いです。つまりよく知らない人にはある言語を使い、よく知っている場合には別の言語を使うのです。たとえばパラグアイではスペイン語とグアラニー語[*26]を使います。外的なプレッシャーもあります。移民出身の家庭で、これまでにどれだけの大人が学校の圧力を受けて子どもに出身言語で話さなくなってしまったことでしょうか。それは学校が長年にわたって、家庭で別の言語を使い続ければフランス語が上達しないという誤りを主張してきたためなのです。なんらかの政治的立場も言語選択に影響を与えます。一九三〇年代にドイツから亡命したユダヤ人や、一九世紀末にロシアを去ったユダヤ人［ナチスドイツによるユダヤ人の大虐殺や、一九世紀末にロシアで行われたポグロム（虐殺）を指す］は、自分たちを抑圧してきた言語をもう話すまいと決心したことがよくありました。

やりとりが行われる状況もまた言語選択に重要な役割を果たします。人口のかなりの割合がグアラニー語とスペイン語のバイリンガルであるパラグアイの言語状況に関する研究で、ジョーン・ルビン[*27]は、田舎では話者はグアラニー語で話すものの、都市部では別の要素が言語選択に介入することを示しています。またアメリカのメイン州のセント・ジョン川渓谷での英語とフランス語の言語選択は、街がカナダ国境の側[*28]に接しているか否かによって決まります。儀礼的な状況も、ある環境では重要な要素となります。たとえばパラグアイでは、権力を持った人にはスペイン語を話しますが、よりリラックスした場面ではグアラニー語を話します。またスイスのドイツ語圏では、政治家はドイツ語で演説を行いますが、その後で自分の周囲の人とはスイスドイツ語で話すでしょう。

モノリンガル話者の存在もまた、ある状況の中での言語使用に影響を及ぼします。ある集団に加わったけれども、そこでの使用言語をまったくわからない人、あるいは少ししかわからない人を考慮して、儀礼上、言語を替えます。しかしその人が数分後に立ち去るとか、誰かとひそひそ話を始めるなどすれば、すぐに元の言語に戻るわけです。政治や社会的な理由によりおおやけの場面での言語選択が影響を受けることがあります。たとえば、ウクライナ前首相のユーリヤ・ティモシェンコ〔首相在任期間 2005, 2007-2010〕はウクライナ東部のロシア語圏出身ですが、おおやけの場でロシア語を話そうとしません。とはいえウクライナ人はみな、少数の例外を除き、ロシア語がわかるのです。フランスでは移民出身の人の多くが、目立ちすぎないように、おおやけの場にいるときにはフランス語で話す方を選びますが、一緒にいる人たちとの間でやりとりするならば当然ながら少数言語を選択したと思います。ずいぶん昔のことになりますが、オリヴィエ・トッド[*29]は、第二次世界大戦中にイギリス人の母親といっしょにいる時に、パリの街やカフェ、公共交通機関の中でも英語を話すことができなかったと述懐しています。母親が英語を話せば拘留され、外国人収容所に送られるおそれがあったためです。そこでもし母親がつい英語の文言を口にしてしまった場合には、トッドが母親の手を握ることにしていました。ある日、地下鉄の中で、母親はドイツ人将校の近くで、それでも英語で長々とおしゃべりをしてしまいました。幸運にもその将校は何も反応しなかったのです[*30]。

会話やインタビューの主題も、さきに相補性の原理を紹介したときに見ましたが、バイリンガルの言語選択において重要な役割を果たします。たとえばパラグアイでは、教育や法律、ビジネスに関わることはすべて、スペイン語で議論されます。ヨーロッパに移住してある一定の年数を経た家庭では、行政や税金、勉強といった話題はほとんどの場合、多数派の言語で話されます。あえて少数派言語が選択される場合でも、別の言語に移るには多くの経路があるようです。というのも、専門的な語彙は多数派の言語の方にあるからです。

最後に、言語選択はやりとりの機能、すなわち話し相手に近づいたり、あるいは話し相手と距離を取り、誰かを排除する、自分の地位を高めようとする、何かを頼む、命令をする、といった言語機能にも依存します。アメリカのニュージャージー北東部にあるジャージーシティで、プエルトリコ人の言語選択を研究したジェラルド・ホフマンは、プエルトリコ人の職工長は職場で他のプエルトリコ人と英語を使いますが、休憩時間や昼休みにスペイン語を使っていることに着目しました。[*31] 地位が変わると、言語が替わったのです。誰かを除外するために別の言語に切り替えることはバイリンガルのよく利用する方略ですが、時にはあまり上手くいかないこともあります。ある女子学生が話してくれたことです。彼女は自分と同じバイリンガルの友達と英語で話していましたが、自分たちがいるカフェテリアにいた人々についての話になったとき、なかでもすぐ近くに座っている学生のことを話すときにはギリシア語を選択しました。五分後、近くに座っていたその学生は新聞をたたんで、彼女たちの目をまっすぐ見てにっこりと笑い、ギリシア語で「さようなら」と言ったのです！　最後に、ある言語が書きことばとして使われないときに、別の言語を使用する必要があります。たとえば、ナバホ族の管理運営会議はナバホ語［北アメリカのアメリカインディアン諸語の一つ］で行われますが、報告書は英語で書かれます。また、手話と多数派の言語をもつバイリンガルのろう者においては、話し合いは手話で行われますが、その報告書はたとえばフランス語で書かれます。

日常生活の中では、こうした言語選択の要素の中から複数のものが同時に活性化されています。このような要素を組み合わせてわれわれは使用言語を決定するのであり、これは非常に素早く、非常に効率的に行われているため、話し相手は本当に気が付かないほどです。こうした隠れたメカニズムに気が付くのは、基盤言語の選択を間違えたり、話し手の間で合意のない場合に限られます。相手が知っている人であれば、少し後に、どうして最初に合意しなかったのかを尋ねてみることもできます（たとえば、電話で会話をしていて、そのとき誰かが部屋に入ってきた、といった場合など）。しかし相手が知らない人、あるいはよく知らない人であれば、やりとりは短いもので終わりがちなので、その後になってから、なぜ使用言語について合意がとれなかったのかなと考えることになるのです。

他の言語の介入

バイリンガルはコミュニケーションのための基盤言語を選択しても、もう一つの言語を介入させるかどうかを無意識的に考えなくてはいけません。介入が適切であれば、その人はバイリンガル・スピーチ、すなわちコード・スイッチングや借用語を含む言語使用をすることになります。コード・スイッチングとは一瞬のうちに、単語、節、文の単位である言語から別の言語へと完全に移行するものです。次の例を見てみましょう。« C'est un truc pour *p'ra curar as videiras mas nao sei, nao sei* comment ça s'appelle.[32] »「ブドウの世話をするための道具で、なんだっけ、なんだっけ、この名前」〔原文イタリック部（日本語訳の傍点部）はポルトガル語〕« Il te pique *menfuq* le drap »,〔イタリックの部分はマルタ語になっている〕「シーツの上から刺すんだよ」« *huwa* il était né au Maroc *u* tu vois... »「彼はモロッコ生まれだから、だからほら…[33]」〔原文イタリック部（日本語訳の傍点部）はマルタ語〕« Va chercher Marc *and bribe him* avec un chocolat chaud »,「マルクを探しにいけよ、それでホットココアでも飲ませてやろうよ」〔原文イタリック部（日本語訳の傍点部）は英語〕« J'ai l'impression d'être *back in the country* 31. »「田舎に帰ったような感じだな[34]」〔原文イタリック部（日本語訳の傍点部）は英語〕。

コード・スイッチングのとき、一つの言語から別の言語へ移行するにあたり、ある切れ目が入ります。それは、話者がコード・スイッチングに注意をしてもらいたい場合（balisage〔英語では marking や bracketing ともいう〕と呼びますが）を除けば、ふつうポーズや休止なしに行われます。この現象についての領域はたいへんに広くなり、二〇世紀後半には言語学や心理言語学の初期の研究が数多く行われています。たとえばシャナ・ポプラックはコード・スイッチングの根本にある文法的制約について研究し[35]、コード・スイッチングはそれまでに議論されてきたように言語をランダムに混合しているものではないことを示しました。たとえば、ある文の中の二つの要素の間でコード・スイッチングが起こるのは、二つの言語のそれぞれの文法規則に同様に従って二つの要素が配列される場合であるといった、要素の等価性に関する制約を提案しました。つまり、たとえば英語とスペイン語でのコード・スイッチングは、英語の冠詞とスペイン語の名詞の間では可能ですが、名詞と形容詞の間では認められません。なぜならそれは、形容詞が名詞の前に来るという英語の語順の規則に反するためです。ポプラックはこのような制約はすべてのバイリンガル集団に適用されることはないと指摘しており、アブデラリ・ベンタヒラとアーリス・デイヴィスはアラビア語モロッコ方言とフランス語の間でのコード・スイッチング研究でこのことを検証しています。[*36] それ以降、多くの研究が、コード・スイッチングはどのように生み出されるか、バイリンガルの聞き手がコード・スイッチングをどのように処理しているかを探求しています。

バイリンガルがコード・スイッチングを利用する理由は数多くあります。誤って指摘されることがありますが、これは知的怠慢とは何ら関係がありません。それは、単にもう一つの言語で語る方がよく表現できるからなのです。話しかけている相手が自分と同じ二言語を共有しており、しかもコード・スイッチングに抵抗がないのなら、コード・スイッチングをするにせよ、適切な単語や最適な文を使えばよいでしょう。また、バイリンガルは別の言語で語られたことを引用するときにもコード・スイッチングを行います。その方がときには不完全な翻訳を使うよりもずっと的確に語ることができるからです。もう一つの理由は、相補性に関するものです。これまで見てきたように、バイリンガルにとって、いくつかの領域や活動は一つの言語のみが担当しているので、バイリンガルが「不適切な言語」を使っているとき、もう片方の言語を使えるというのは本当に便利なのです。そうすれば、会話の中で不正確なことば遣いをしないですむようになります。

さらに、談話とコミュニケーションのためにコード・スイッチングが行われることがあります。たとえば話している人と自分が同じ集団に属していることを伝えたり、その集団に近づいたり、距離を取ったり、誰かを排除するなどのためです。私もまた、同じ二言語を持っている相手に向かって、バイリンガリズムを共有していると示すために、あえてもう片方の言語の単語や文をさしはさむことが何度もありました。文化によっては、社会的地位を高めたり、何か欲しいものを手に入れるためにコード・スイッチングを用いることがあります。キャロル・スコットンとウィリアム・ユリーの研究はそのような例を報告しています。ナイロビで、ある乗客がバスに乗ると、運転手がスワヒリ語で運賃は五〇セントだと告げます。乗客が一シリングを渡すと、運転手がお釣りを待つように告げます。目的地が近づくと、乗客はつり銭を請求します。運転手はもうすぐ小銭をあげると答えます。そのとき乗客は英語、すなわちケニアでのエリートの言語に代えて答えます「私はもうすぐ降りるんだよ」。乗客は言語を代えることで立場を高め、より高い権威を与えようとしたのです。運転手はこの方略をたいへんによく理解しており、自分もまた英語に切り替えて答えます。「おつりを持って逃げてしまうとでもお考えですか」。このようにして運転手は乗客との間で平等な地位を確立しているのです。[*37]

　コード・スイッチングはしばしば批判されることから、いくつかの場ではこれまであまり目立たずに使用されてきたのですが、シャンソンや文学の世界でも現れ始めており、それ自体たいへん喜ばしいことだと思います。たとえば、多くのライ音楽［アルジェリア西部オラン地方起源のポップ音楽］にはコード・スイッチングがみられます。シェブ・アキルの《Diri Confiance》（「自信を持て」）には、《*nthannaw men* la souffrance/ *kul jum 'umri diri* confiance/ *zidi Sbri tanhar* l'alliance》（「私たちは苦しみから逃れた／毎日、愛する人よ、自信を持って／結婚式の日まで辛抱強く」［原文イタリック部（日本語訳の傍点部）はアラビア語〕」といった歌がありますが、デーヴィスとベンタイラ[*38]はこのような例をもとに、このようなコード・スイッチングによって、このタイプのシャンソンの詩的効果がどれほど豊かになっているかを力説しています。文学にも同じような現象が見てとれます。たとえば、ヒスパニック系アメリカ人のスザナ・シャヴェス＝シルヴァーマンは著作でもバイリンガルでいることを望み、一つの言語を選択していません。このような執筆の方法によって、他のマイノリティ出身の作家を励まそうと思っているのです。シャヴェス＝シルヴァーマンは次のように書いているのです。“Como *northern* Califas *girl, of course,* había visto mucho *nature* espectacular; the *Pacific Ocean* como yarda de enfrente, *for starters,* y los sequoia *giant redwoods.* Yes, *especially* los *redwoods.*[*39]”「北カリフォルニアの女子としてもちろん、ずっと大自然を見てきた。まず太平洋が家の前庭みたいなものだったし、それにジャイアント・セコイアの木。そう、特にレッドウッドのセコイアの木を見てきた」。

バイリンガルの談話にもう一つの言語を介入させる第二の方法は、形態論の点で、またしばしば音韻の点で基盤言語に適応させてもう一つの言語の要素を取り入れることです。二言語を並列させるコード・スイッチングとは異なり、借用は別の言語の要素をある言語に統合することです。一般に、これは英語からとった次の例に見るように、単語の形態と意味の両方に関わります。«Je vais checker（確認する）cela»（これを確認します）、«Tu peux me tier（ひもを通す）mes chaussures ?»（くつひもを結んでくれないかな）。

借用とは、基盤言語からある単語を取り出し、その意味を別の言語の単語に対応させるために意味を拡張させたり、基盤言語の語順を別の言語の語順に合わせることにより新しい表現を作り出すこともあります。たとえば、アメリカに住むポルトガル語と英語のバイリンガルはポルトガル語のhumoroso（きまぐれな）という単語に英語のhumorous（ユーモアのある）という意味を付け加えています。同様に、grosseria（粗末）には英語のgrocery（八百屋）の意味が加えられています。新しい表現、いくつかの直訳借用に似ていますが、オーストラリアの言語学者マイケル・クライン[*40]は、オーストラリアにいるドイツ語と英語のバイリンガル集団から次のような例を挙げています。für schlechter oder besser（良かれ悪しかれ）というドイツ語表現は英語のfor better or worseという表現から来ているのです。

借用はコード・スイッチングを行う場合と同じような言語上の理由から行われ、適切な単語を使い、別の言語の取り扱う領域に言及するためです。これは移住先の国で異なる現実（動物や植物、家庭、仕事、教育、習慣など）に囲まれたバイリンガルの移民に特に当てはまることです。ウリエル・ワインライクが実にうまく言い当てているように、すべてゼロから作りあげるよりも既存の用語を使うのは当然です。実際、単一言語の話者だという詩人はほとんどいないのです。

概して、バイリンガル話者によって、談話の中に自然にあらわれる借用と、すでに確立された言語借用、つまりその言語の語彙の一部となっており、モノリンガルも使用する外国語起源の単語を区別することは重要です。自然にあらわれる借用語は非常に多く、それは自然なことですが、そのうちのいくつかだけが、借用語として確立されます。フランス語も含めあらゆる言語は、地域語や外国語からの借用語をもっています。たとえばアンリエット・ヴァルテールが確認するように

balai（ほうき）という単語はブルトン語に由来するもので、cabaret（キャバレー）はピカール語に、quiche（キッシュ）はアルザス語に、pognon（お金）はフランコ・プロヴァンス語に、crachin（霧雨）は西部のオイル語に由来しています。[*41] 現在では、フランス語はたとえば feedback, leader, briefing, deadline といった英単語を特に受け入れていますが、長い間、poet, manor, music, poem, companion, table, dinner, fruit といった単語を英語に与えてきたのはフランス語です。これらはすべてバイリンガリズムの成果なのです！ 実際、フランスの著名な言語学者アントワーヌ・メイエ（1866-1936）は次のように書いています。「これらの用語の借用がおこるには（……）その二言語を同時に使い、二言語を同時に精神に現前させ、自分が使いやすいように一つまたはもう片方の言語の語彙を用いる人の存在が必要である[*42]」。

コード・スイッチングと自然に生まれる借用語は主として、バイリンガル・スピーチの使用が容認される文脈でバイリンガル・モードの形で現れます。しかし話し相手がもう一つの言語をまったく知らないか、ほとんど知らない場合、その言語をモノリンガル・モードで使用することが必要な場合があります。その場合、バイリンガルはお互いに理解できるよう最大限の努力を払います。たとえば、コード・スイッチングにはためらいながら行われていることが示されたり、「○○語ではこのように言いますが」などの注意が添えられたり、説明や翻訳をしようとすることもあり、それはまた話者が提案することもあります。借用語をみると、モノリンガルの人がよく理解できるよう、やりとりの間に使用されている言語にできるかぎり組み入れようとします。それはさておき、基本的なルールとは、バイリンガル・スピーチに対してどのように反応するのかわからないので、話し相手をできるだけ考慮に入れるということなのです。ナンシー・ヒューストンは次のように書いています。「フランスではスノッブに見られないように、またフランス語ができないと思われないようにして、英単語を会話に混ぜてもいいかと考えてしまいます。これはまったく相手によるものです。まったく同じ単語、まったく同じ文がある人には理解されず、ある人をいらだたせ、ある人にはわかりあえたことによりほほえみを引き起こすのですから[*43]」。

他の言語が求めずとも入ってくるとき

非常にしばしば、ほとんどの場合という人もいますが、バイリンガルは話すにせよ、書くにせよ、一言語だけを使っているにちがいありません。モノリンガル・モードに入ったとき、彼らは話し相手や読者の言語を選択し、できるだけ一つの言語を活性化しないようにします。この不活性化の能力は研究者を常に驚かせるものですが、これは神経心理言語学的な抑圧にあたるのでしょうか、単なる不活性化なのでしょうか（私は不活性化だと思います）。というのももう一方の言語が産出されない場合でも、その言語が聞こえてくる可能性を、たとえモノリンガル・モードにあっても、残しておかなくてはならないからです。これには左尾状核［大脳基底核に位置する神経核］、左前頭前野［脳にある前頭葉の前側の領域。認知行動計画、人格の発現、適切な社会的行動の調節に関わっているとされる］、前帯状皮質［脳の帯状皮質の前部。自律的機能の他に、報酬予測、意思決定、共感や情動といった認知機能に関わっているとされる］といったさまざまな大脳の構造が関わっています[*44]。

一方の言語を完全にうまく不活性化し、さらには話し手の言語を流暢にまったくなまりなく話す人は、しばしばその言語のモノリンガルであると見なされます。バイリンガルとは、二人のモノリンガルであると人々が考えるようにしたのは、こうした人たちです。実際のところは、一方の言語がすっかり不活性になることはほとんどなく、これはバイリンガルの産出する干渉によってわかります。干渉は、「転移」と呼ばれることもありますが、別の一言語、あるいは複数の言語が存在する話者が、一つの言語を話すときに生じる特別な逸脱です。干渉は言語運用のあらゆるレベル（音韻、語彙、統語、意味、語用論）や、あらゆるモダリティ（口語、文語、身ぶり）で起こり得るものです。たとえば音韻的レベルでは、英語とフランス語のバイリンガルの中には、« Je l'ai *observé*. » というフランス語の文の中の *observé* という単語を言うときに、/p/ と /s/ の部分がそれぞれ /b/ と /z/ のように部分的に英語に置き換えられて発音されることがあります。どちらかというとフランス語が優位なバイリンガルでは、英語のアクセントの位置を間違えることがあります。ですから « E din burgh » という代わりに « e DIN burgh » と発音されることがあり、これは英語のモノリンガルにはわかりません。クリスティーヌ・ドゥプレ[*45]は、スペイン語話者にはフランス語の /y/ の発音は難しいので、« rue »（フランス語で「道」の意味）の発音に干渉が入り込み、« roue » の音になったり、« fumer » という単語が « foumer » と発音されると指摘しています。

語彙のレベルでは、不活性な言語の単語が話されている言語に導入されることがあります。英語とフランス語のバイリンガルは « Une fois qu'on a *prolongé* son visa »「ビザを延長すれば」と言おうとして « Une fois qu'on a *extendu* son visa » というでしょう[*46]。また « faux amis »（類型異義語）という、多くのバイリンガルにとってなかなか厄介なものもあります。たとえば英語のactually（実際は）とフランス語のactuellement（現在は）、英語のconfidence（自信）とフランス語のconfidence（信頼）、スペイン語のmancha（仕事）とフランス語のmanche（ハンドル）、スペイン語のsalir（外出する）とフランス語のsalir（汚す）などです。こうした慣用表現は学習者にとってはよく知られた罠ですが、二言語を日常的に使用しながらも、対応する語を必ずしも知らないような人にとってもやはり罠なのです。たとえば、英語とフランス語のバイリンガルは"He's talking through his hat."という表現を直訳借用して、«Il parle à travers son chapeau.»「彼は帽子を通してしゃべってる」と言うかもしれませんが、ここでは«Il parle pour ne rien dire.»「彼はしゃべってるけど何も言っていない（自分が何を話しているか分かっていない）」というべきだったのです。

より高度な言語上のレベルに、統語論上の干渉があります。たとえば英語の"The place where the stress is"（強勢が置かれる位置）という語順に影響されて、«Là où est l'accent tonique»という代わりに«Là où l'accent tonique est»と言うことがあり、また«Aghju vistu à Paulu»［コルシカ語で、「私はポールに会った」という意味］という語順に影響されて«J'ai vu à Paul»（私はポールに会った）と言ってしまうことがあります。[*47] 書きことばのときも、英語とフランス語のバイリンガルは、二つの言語をよく知っていても、adresseとaddressを使うときにdがいくつだったか、appartementとapartmentにはpがいくつだったか、と考え続けます。私自身もワープロソフトにスペルチェッカーが装備され始めたときには本当にほっとしたものです！　手紙での儀礼的表現の問題もあります。言語と文化によって、英語のように非常に簡素なものから、フランス語のように洗練されたものまで、幅があります。バイリンガルは、他の言語の影響をうけて、簡素にしすぎてしまったり、簡素でよいところを複雑なものにしたりということがあります。ある言語の表現を別の言語に直訳してしまって、不自然さが残ることもあります。アメリカ大統領バラク・オバマが二〇一二年一一月に再選されたとき、フランス大統領フランソワ・オランド（在任期間 2012-2017）は祝福の手紙を締めくくるにあたって、おそらく英語がよくできるものの、十分にはできない補佐官に伝授されたのでしょうが、フランス語であれば Amicalement（友情を込めて）に対応する英語の Friendly（友好的な）と書いてしまったのです。英語ならばこのとき、Yours sincerely とか、Yours faithfully、あるいはせめて Kind regards と書くべきだったでしょう。[*48]

干渉を二つの大きなタイプに分けることができます。転移[*49]あるいは静的干渉とは、ある言語の能力に別の言語が絶え間なく入り込むもので、たとえばなまりのある発音やある単語に別の意味をつねに持たせて使うこと、別の言語の統語構造を一貫して使用することなどです。動的干渉あるいは一時的侵入とは、たとえばふだんはきちんとした言語を使っているけれども、ある単語のアクセントを間違った位置に置くといった音韻にかかわる言い間違いや、基盤言語に形態や音韻の点から取り入れた別の言語の単語を思いがけず使用すること、別の言語の統語構造を一時的に使用することなどです。こうした動的干渉はとりわけ心理言語学者の関心を引きます。というのもこの現象は、モノリンガル・モードでは二言語のうち一言語が活性化されていないにもかかわらず、産出では二つのシステムの間で一瞬の間に相互作用が発生していることを示すからです。このような干渉を生み出すバイリンガルは、ほとんどの場合それに気付いておらず、基盤言語だけを話していると思っています。話し相手からわからない、といった視線を受けたり、質問されると、このような予期されなかった要素が明らかになりますが、これは言語生活のなかでどこにでもつきまとう、望まぬ伴侶のようなものです。

干渉と言語間の逸脱とは区別されなくてはなりません。逸脱とは、いずれかの言語を十分に習得していないことから生じるもので、過度の一般化や単純化、過剰修正[*50]や、なんらかの単語や表現を避けるといったことです。バイリンガルが言語を定着させると、干渉はより少なくなり、おそらく特になまりが強いといった場合などを除き、コミュニケーションを極度に妨げることはなくなります。家族や同僚などといったバイリンガルをよく知っている人たちは、何度も耳にするうちにそうした要素をはじくようになるか、正しい要素に置き換えて理解するようになります。干渉の頻度は特に言語の習得のレベルと（言語能力が上がるほど干渉は少なくなります）、疲れやストレスの状態によります（バイリンガルの中には、疲れたときや緊張したとき、動揺したときなどに干渉が増えると報告する人がいます）。干渉の方向は、言語について保持している優位性にも一部は左右されます。非常に優勢な言語は、一つあるいは複数の弱い言語に影響します。バイリンガルがどの言語もよく習得しているものの、それらの言語がまだバランスのとれていない場合（第1章を参照）には、干渉はいずれの方向にもおよび、するとバイリンガルは一つも言語をわからないという印象を持ち、不安になります。

このように、バイリンガルは干渉とともに生きることを学ぶのです。干渉は話しことばにせよ書きことばにせよ、言語産出を豊かにし、ニュアンスに富み、多彩なものとします。フランス文学では、フランス語のネイティブではない作家によってしばしば独創的で表現力のある文体が生みだされています。ジョナサン・リテル（1967–、ユダヤ系アメリカ人小説家）は *Les Bienveillantes*（『慈しみの女神たち』）によって二〇〇六年のゴンクール賞を受賞した作家ですが、自分のフランス語には英語が入っているとはっきりと認めています。「私の小説には英語借用表現がありますよ。もちろんです！　私は二言語を話しますし、言語が影響し合うのは当然のことです」[*51]。ミリアム・アニシモーヴ[*52]の書いた伝記によると、ロマン・ガリー［1914–1980、ソ連出身のフランスの小説家］はフランス語だけでなく英語の中にも、自分が伝承したイディッシュ語、ロシア語、ポーランド語を取り込んでいました。ジャック・ケルアック［1922–1969、両親がフランス系カナダ人のアメリカの小説家］は英語を六歳で習得したにすぎないことから、少なくとも経歴の初期には、フランス語の文を書くように英文を綴っていました[*53]。

注

1 Grosjean F., "The bilingual as a competent but specific speaker-hearer", *Journal of Multilingual and Multicultural Development*, 6, 1985, pp. 467–477.

2 私は「バイリンガル・スピーチ」（parler bilingue）という表現を一九六八年にパリ大学に提出した次の修士論文の中ではじめて使用しました。*Le comportement verbal des bilingues dans le langage quotidien*, rédigé en collaboration avec Dounia Fourescot-Barnett, sous la direction du Pr Antoine Culioli, Institut d'anglais, université de Paris. 次にこれを英語表現（bilingual

speech）に置き換え，拙著 *Life with Two Languages: An Introduction to Bilingualism*, Harvard University Press, 1982. で用いています。

3 Deprez C., *Les enfants bilingues*, Crédif-Didier, 1994, p. 26.

4 Lüdi G. et Py B., *Être bilingue*, Berne, Peter Lang, 2002, p. 83.

5 Kohl M., Beauquier-Maccota B., Bourgeois M., Clouard C., Dondé S., Mosser A., Pinot P., Rittori G., Vaivre-Douret L., Golse B. et Robel L., « Bilinguisme et troubles du langage chez l'enfant : étude rétrospective », *La psychiatrie de l'enfant*, 51, 2, 2008, pp. 577–595.

6 Flege J., Munro M. et MacKay I., "Effects of age of secondlanguage learning on the production of English consonants", *Speech Communication*, 16, 1995, pp. 1–26.

7 Huston N., *Nord perdu*, Actes Sud, 1999, pp. 36–37.

8 Grosjean F., "The bilingual individual", *Interpreting*, 2 (1/2), 1997, pp. 163–187.

9 Todorov T., « Bilinguisme, dialogisme et schizophrénie », in Bennani J. (dir.), *Du bilinguisme*, Denoël, 1985, pp. 11–38.

10 Boukous A., « Bilinguisme, diglossie et domination symbolique », in Bennani J. (dir.), *op. cit.*, pp. 39–62.

11 Hagège C., *op. cit.*, p. 224.

12 Huston N., *op. cit.*, p. 61.

13 Grosjean F., "The complementarity principle and its impact on processing, acquisition and dominance", in Treffers-Daller J. et Silva Corvalan C. (éds.), *Language Dominance in Bilinguals: Issues of Measurement and Operationalization*, Cambridge University Press, 2015.

14 Jaccard R. et Cividin V., *Le principe de complémentarité chez la personne bilingue : le cas du bilinguisme français-italien en Suisse romande*, mémoire de diplôme d'orthophonie, université de Neuchâtel, 2001.

15 Cutler A., Mehler J., Norris D., et Segui J., "The monolingual nature of speech segmentation by

bilinguals", *Cognitive Psychology*, 2, 1992, pp. 381–410.

16 Galloway L., "Language impairment and recovery in polyglot aphasia: A case study of a hepta-lingual", in Paradis M. (éd.), *Aspects of Bilingualism*, Columbia, S.C., Hornbeam, 1978, pp. 121–130.

17 Grosjean F., *Bilingual: Life and Reality*, Cambridge, MA, Harvard University Press, 2010.

18 Grosjean F. et Py B., « La restructuration d'une première langue : l'intégration de variantes de contact dans la compétence de migrants bilingues », *La linguistique*, 27, 1991, pp. 35–60.

19 Grosjean F., "Studying bilinguals: Methodological and conceptual issues", *Bilingualism: Language and Cognition*, 1, 1998, pp. 131–149.

20 Grosjean F., "Manipulating language mode", chapitre 5 de Grosjean F., *Studying Bilinguals*, Oxford University Press, 2008.

21 Hamers J. et Blanc M., *Bilingualité et bilinguisme*, Bruxelles, Pierre Mardaga, 1983.

22 Deprez C., *op. cit.*, pp. 190–195.

23 Schweda N., "Bilingual education and code-switching in Maine", *Linguistic Reporter*, 23, 1980, pp. 12–13.

24 Huston N. et Sebbar L., *Lettres parisiennes*, J'ai lu, 2006.

25 Scotton C., "Codeswitching as a "safe choice" in choosing a lingua franca", in McCormack W. et Wurm S. (éds.), *Language and Society*, La Haye, Mouton, 1979.

26 ［訳注］パラグアイではスペイン語と共にグアラニー語（南アメリカ先住民の言語）が公用語として用いられており、人口の約半数はグアラニー語のみを母語とする。

27 Rubin J., *National Bilingualism in Paraguay*, La Haye, Mouton, 1968.

28 ［訳注］メイン州は、フランス語モノリンガルであるカナダのケベック州と北西の国境を接しており、メイン州の北西を流れるセント・ジョン川の北側にある町はケベック州に接しているためフランス語を使用し、川の南側にある町は英語を使用することが多い。

29 ［訳注］イギリス人の母親にナチ占領下のフランスで育てられたフランスのジャーナリスト・作家（1929-）。

30 Todd O., *Carte d'identités*, Plon, 2005.

31 Hoffman G., "Puerto Ricans in New York: A language-related ethnographic summary", in Fishman J., Cooper R. et Ma R. (éds.), ***Bilingualism in the Barrio***, Bloomington, Indiana University Press, 1971.

32 Deprez C., *op. cit.*, p. 58.（Alternance : français et portugais.）

33 Bentahila A. et Davies E., "Patterns of code-switching and patterns of language contact", *Lingua*, 96, 1995, pp. 75-93.（Alternances : français et arabe marocain.）

34 Grosjean F., *op. cit.*, 1982.（Alternances : français et anglais.）

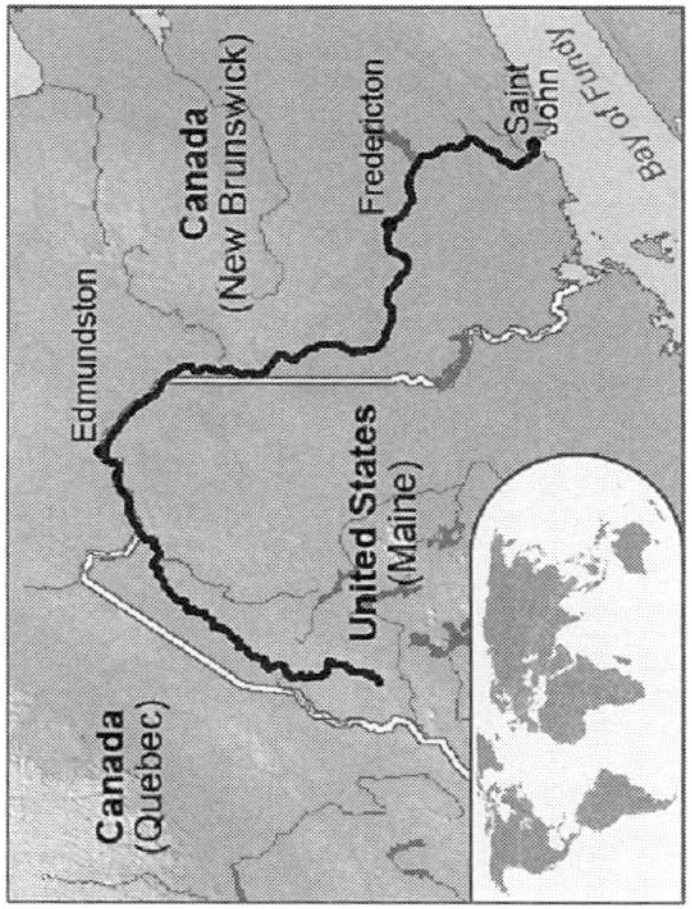

https://commons.wikimedia.org/wiki/File:St_John_River_Map.png

35 Poplack S., « Conséquences linguistiques du contact des langues: un modèle d'analyse variationniste », *Langage et société*, 43, 1988, pp. 23-48.

36 Bentahila A. et Davies E., "The syntax of Arabic-French codeswitching", *Lingua*, 59, 1983, pp. 301-330.

37 Scotton C. et Ury W., "Bilingual strategies: The social functions of code-switching", *Linguistics*, 193, 1977, pp. 5-20.

38 Davies E. et Bentahila A., "Code switching as a poetic device: Examples from rai lyrics", *Lan-*

guage & Communication, 28, 2008, pp. 1–20.

39 Chávez-Silverman S., *Killer Crónicas: Bilingual Memories*, Madison, University of Wisconsin Press, 2004, p. 5.

40 Clyne M., *Transference and Triggering*, La Haye, Marinus Nijhoff, 1967.

41 Walter H., *op. cit.*

42 Meillet A., « Sur une période de bilinguisme en France », *Comptes rendus des séances de l'Académie des inscriptions et belles-lettres*, 75, 1, 1931, p. 33.

43 Huston N., *op. cit.*, p. 35.

44 Abutalebi J. et Green D., "Control mechanisms in bilingual language production: Neural evidence from language switching studies", *Language and Cognitive Processes*, 23, 2008, pp. 557–582.

45 Deprez C., *op. cit.*, p. 152.

46 ［訳注］フランス語の「延長する」という意味の単語 prolonger を英語の extend に置き換え、さらに英語の extend に意味的に対応するフランス語 étendre の過去分詞が étendu であることから、過去分詞 extendu を作りだしたもの。

47 Ottavi P., «"U corsu" à l'école et dans la rue : entre visibilité, promotion et reflux », *Langage et société*, 142, 4, 2012, pp. 141–161.

48 ジョルジュ・リュディとベルナール・ピーによって指摘された「可視的な」干渉に加え、ある要素がもう一方の言語に存在しないためにそれを棄ててしまう現象も指摘しておきます。これらはもちろん見つけるのが難しいのですが、バイリンガルの間では非常によく起こる現象です。前掲 Lüdi G. et Py B. を参照してください。

49 私は次の文献で、「転移」という用語はこのタイプの干渉にのみ用いることを提案しています。Grosjean F., "An attempt to isolate, and then differentiate, transfer and interference", *International Journal of Bilingualism*, 16(1), 2012, pp. 11–21.

50 ［訳注］ある語形・語法・文法・発音を、正しいものであるにもかかわらず、社会的に権威ある言語を基準にした類推により、誤用であると誤解し、かえって正しくないものに変えて使用すること。

51 Samuel Blumenfeld によるインタビュー , *Le monde*, 16 novembre 2006.

52 Anissimov M., *Romain Gary, Le caméléon*, Denoël, 2004.

53 Gérard M., « Sur le chemin, un inédit de Jack Kerouac écrit en français », *Le monde*, 8 septembre 2008.

第3章　バイリンガルになる

親や家族が子どもたちを二言語あるいはそれ以上の言語で育てたいと思っていたり、すでにそのように育てていると、家族は同時的バイリンガルや継続的バイリンガルになる要因について考え、子どもが複数言語とどのように生活するのか、また家族や学校はどのような役割を果たすのかについてなど、さまざまな問いを投げかけてきます。本章はバイリンガルになることを考察し、このような問いを考えていきたいと思います。

本物のバイリンガルになるには、幼いうちから二言語を同時に、あるいは一番目の言語を身につけたすぐ後に二番目の言語を習得してしまわなければならないと一般には考えられています。確かに三、四歳の幼児が、ある言語を両親に話し、また別の言語を親友に話すのを耳にするのは、何かほれぼれするものです。しかし、何歳であっても、私たちはバイリンガルになれるのです。生後ただちに二言語で育った同時的バイリンガルは少数派で、心理言語学者のバーバラ・ズラー・ピアソンとシルヴィア・フェルナンデスがアメリカで調査を行なったところ、このようなバイリンガルの子どもは六〜一五％しか見られなかったそうです。[*1] つまり、ヨーロッパやアメリカ大陸では、せいぜい約五分の一の子どもたちが（このパーセンテージはアフリカではおそらくもっと高いでしょう）、複数言語を同時に習得するにすぎないのです。この場合、それぞれの親が異なる言語を話すか、祖父母や保育士など周りの人が子どもたちと複数言語を用いるのです。

バイリンガルの子どもたちの多くはただ一つの言語で、つまり家庭の言語で生活を始め、一言語あるいはそれ以上の言語を家の外で、つまり近所や保育園、幼稚園、小学校、あるいは中学校以降に習得します。転校やカリキュラムの変更、異なる言語が話されている地域や外国への移住で、モノリンガルの子どもたちは異なる言語に出会い、それを使い始めます。これが私のケースで、八歳の時のことでした。これに対して、すでにバイリンガルの子どもたちは自分の言語レパートリーにもう一つの言語を加えるのです。学校教育の一部をイマージョンのクラス（バイリンガル・クラス）で受ける子どもたち、その後、外国で長期の語学留学に旅立つ子どもたちを忘れてはなりません。[*2] これはちょうど、はるか昔に、ローマ時代の若者が、ギリシア語を習得し、ギリシア文化に浸るためにギリシアに滞在していたようなものです。

青少年期かそれ以降でもバイリンガルになれるのでしょうか。もちろんです。『アメリカに生きる私――二つの言語、二つの文化の間で』の著者エヴァ・ホフマン（1945-）は一三歳で故郷のポーランドを離れ、両親とカナダに移住しました。ホフマンはそれまでまったく知らずにいた英語をカナダで学び始めます。これは、カナダに到来した他の多くの移民の子どもたちと変わりません。

この国はいずれ自分の国になるのです。エヴァ・ホフマンはいまや評判の英語バイリンガル作家です。大人になってからバイリンガルになるという点で、アゴタ・クリストフ（1935-2011）は一九五六年の事変［ハンガリー動乱］の時に祖国のハンガリーを脱出し、夫と四カ月の娘とスイスへ亡命しました。時計工場で働きながらフランス語を学び、少しずつ、詩作から始めて、自ら選びとった言語により評判の作家となりました。[*3]

バイリンガリズムになる要因

同時的バイリンガル、あるいは、より多くの場合、継続的バイリンガルになるにいたるまで一言語を習得する要因とはなんでしょうか。最も重要な第一の要因は、ごく単純にいえば、ある言語でコミュニケーションを行なったり、聞いたり、活動に参加する必要があることです。子どもは必要があればその言語を習得し、必要がなくなれば忘れるのです。ある言語を知らなければならなかったり、使わなければならなかったりすることが二言語使用や複言語使用の基盤ですが、子どものバイリンガリズムを発達させようと願う人々はこの点を軽視することが実に多いのです。[*4] そのような例はあふれるほどたくさんあります。インドが英国の支配下にあった時、英国の役人の子どもたちは異なる言語出身の人々と毎日のように接触していました。子どもたちはそのような人々とコミュニケーションを取りたかったため、乳母からはベンガル語を、庭師からはサンタル語を、家の使用人からはヒンディー語を学び、両親が現地の人々と話をしなければならない時に、子どもたちにしばしば通訳を頼むほど現地の言語を習得していました。[*5] もう一つ例をあげましょう。幼いスザンヌは東アフリカに住み、両親とフランス語を話していましたが、スザンヌは乳母とはスワヒリ語でコミュニケーションを取っていたため、七歳までスワヒリ語を流暢に話していました。それから、家族はポルトガル語を公用語とする国に引っ越し、スザンヌはポルトガル語を地域の子どもたちや妹と話すために習得しました。またスザンヌが通っていた学校は英語使用の学校だったので英語を学び、姉と英語で話していましたが、三姉妹が一緒の時にはポルトガル語を用いていました。この幼い子どもの生活の中では、四言語はさまざまな機会に見事に使われていたのです。

ある言語の習得や、もはや必要でなくなった時の言語喪失を語るには、必要という要因をどれほど強調してもかまわないでしょう。幼いスティーヴン・バーリングのケースを取り上げましょう。スティーヴンの父親は人類学者で、バイリンガルになってからモノリンガルに戻った子どもに関する論文を書き、この論文は権威のあるものになりました。[*6] スティーヴンが一六カ月の時に、両親はインドのアッサム州にあるガロ丘陵に引っ越しました。スティーヴンは乳母といる間にガロ語をあっという間に学び、約一年半にわたり、英語とガロ語のバイリンガルとなり、ガロ語の方をむしろ好むほどでした。スティーヴンが三歳の時に一家はこの地域を離れ、インドを旅しました。スティーヴンはガロ人を思わせるインド人に出会うたびにガロ語を話そうとしましたが、その人々がガロ語を話せないとすぐにわかりました。最後にスティーヴンがガロ語を話そうとしたのはアメリカに戻る飛行機の中のことで、マレーシア人の男の子に話しかけましたが、うまくいきませんでした。父親はときどき家で息子にガロ語を話そうとしましたが、数カ月後にスティーヴンはガロ語をまったく使わなくなってしまいました。学術論文の最後で、ロビンズ・バーリングは、スティーヴンの脳にしまい込まれていたガロ語の残存がガロ語との接触によって再活性化するかどうかを探るため、いつの日か二人でインドのガロ丘陵に戻ろうと思っていると記しています。

スティーヴンの乳母はガロ語しか話さなかったために、スティーヴンは滞在にあたり最もガロ語を必要としていたのです。祖国に戻ると、ガロ語は不要になり、ガロ語の能力は弱まりました。私はインドに滞在してから数年後にロビンズ・バーリングに連絡をすることがあり、スティーヴンがガロ丘陵に戻ったかをたずねてみました。一度もインド旅行をしませんでしたが、スティーヴンは両親といっしょに六歳の時にビルマ（ミャンマー）を訪れ、ビルマ語を学び、滞在の終わりにはビルマ語を流暢に話していたそうです。しかし、そこでもまた帰国するとビルマ語はうすれてしまったのです。手紙の最後で、スティーヴンは八歳ですでに三言語を習得し、二言語を失ってしまったと、父親は回想しています。

ある言語が習得され、もう一つの言語が加わりバイリンガルになるには、必要性に加えて、子どもの生活の中で中心的な役割を果たす人々からその言語が首尾一貫して提供され、それがある一定期間にわたって続いていなければなりません。心理言語学者のバリー・マクラフリンは、一歳から六歳のモノリンガルの子どもは約九〇〇〇時間にわたり唯一の第一言語にさらされると概算しましたが、バーバラ・アブデリラ＝バウアーは、その数値に基づいて、六歳でバイリンガルになるには、少なくとも二七〇〇時間にわたり第二言語にさらされなければならないと算定しました。[*7] しかしながら、外国語の授業が週に三時間あるとして、一年間では一〇八時間（三六週）のあいだその言語に接するにすぎないと見積もっています。もし、子どもがフランス国民教育省の認可する週七時間のバイリンガルクラスに通って、三年間の就学を経ても、七五六時間にしか達しないのです。ところが、子どもがバイリンガルになり、言語能力をうまく定着させるためには、長期間にわたり長時間のあいだ言語に接していなければならないのです。

さらに、第二言語の提供はできれば第一言語と同じようにヴァリエーションに富み、できるならば同じような状況で行なわねばなりません。また言語は人間を通じて提供されるものであって、テレビやDVDプレーヤーといった視聴覚や映像によるものではだめなのです。アメリカの心理言語学者のパトリシア・クールとその共同研究者*8によれば、ごく幼い子どもたちは機械を通じて言語に接するだけでは、言語の音声カテゴリーを発達させることはないのです。子どもたちには話しかけ、一緒に遊び、お話を読んでくれる人が必要なのです。まず大きな声で本を読んであげて、それから子ども自身が本を読むようになることが語彙や文化情報を得るための素晴らしい源泉なのです。さらに、一定期間にわたる言語提供は一言語に限るもので、コード・スイッチングや借用があってはなりません。なぜなら、これにより子どもは二言語をはっきり区別できるようになり、それぞれの言語能力を構築させることができるのです。

身近にいる大家族も他の要因となります。家族は、子どもを励ますことを通じて、それぞれの言語を定期的に使用しなければなりません。大人は言語の模範であり、子どものやりとりを助け、疑問に答えたり、コメントをしたり、必要な時には仲介に入らなければなりません。以下に見ていくように、複数言語の使用法を採り入れる家族も多くいれば、何組かの家族は長期間にわたる「言語プロジェクト」を立てて、バイリンガリズムに向けた言語支援と子どもへのフォローを明確にしています。

つまり、もしその言語が学校教育で使用されていなくとも、その言語が学校で承認されて、高く評価されているならば、子どもは励まされて、その言語を使い続けます。そして、子どもの知りあいの人がその言語を家の外でも使用していれば、それは大きな助けとなるでしょう。けれども、これは問題となっている言語やバイリンガリズム全般に対する社会や家族の態度に左右されることもあるのです。実際のところ、子どもは自分たちの環境が反映されている言語の地位やイメージに非常に敏感です。子どもは批判され、あまり評価されていない言語を無視しやすく、これは周囲の人々の態度を再生産することに他なりません。これとは反対に、ある言語や話し手が重視されると、子どもはその言語を学び続けたいと思うようになります。バイリンガリズムにネガティヴなイメージを持っていたり、バイリンガルであることの「危険性」が強調されると、長い目で見ると、子どもの言語発達を妨げることになるでしょう。子どもが家で異なる言語を使い続ければ、学校の言語を正しく発達させることになりません。このような危険性を主張する仮説は、言語の自然習得や家庭での少数派言語の維持に大きな損失を引き起こしました。

同時的バイリンガリズム

同時的バイリンガリズムが生まれるのは、両親がそれぞれ異なる言語を使う時、また両親がある言語を用い、子どもの世話をする他の人が別の言語を用いる時です。そのために、子どもは二つの言語の提供を受け、二言語、またはある場合はそれ以上の言語を同時に発達させるのです。長い間、とりわけ赤ちゃんや幼児を調査対象としていた研究所で実験調査が行なわれるまで、同時的バイリンガリズムに関して得られたデータは、保護者の著した日記でした。たとえば、フランスのバイリンガリズムの確立に関する最初の論文はジュール・ロンジャによるもので、ロンジャは息子のルイがドイツ語とフランス語を同時に習得する状況を記述しました。ロンジャとその妻は、「一人一言語」のアプローチを提唱したフランスの言語学者モーリス・グラモン（1866–1946）の忠告に厳密に従いました。以下はロンジャにあてたグラモンからの手紙の抜粋です。「子どもに学ばせようとか、教えたりすることは何もありません。子どもには何か言うことがある時に、習得してほしい言語のうちの一言語で話せばいいのです。しかし、重要な点は、それぞれの言語が異なる人によって表現されることです。たとえば、あなたは子どもにいつもフランス語で話しかけ、奥方はドイツ語で話しかけるのです。決して相手の役割を演じてはなりません。このようにすると、子どもはことばを話し始める時に、それとは気づくことなく、二言語を話すでしょうし、また二言語を学ぶのにも特別な努力をすることもないのです」[*9]。これがまさにロンジャと妻の行なったことで、息子のルイは二言語を同時に習得しました。それからというもの、世界各地で多くの両親がグラモンのアプローチに従いました。

以来、ロンジャや多くの研究者は、早期バイリンガルがモノリンガルの子どもたちと同じような習得の段階をたどることを、つまり片言、喃語、初語、最初の句、そして最初の文章といった段階をたどることを指摘しています。さらに、これらそれぞれの段階のインターバルはいずれの集団も変わらないのです。最初の単語は平均一一カ月の時に発話されますが、もしバイリンガルの子どもたちが十分に二言語に接していれば、彼らの語彙は同じような発達段階をたどるでしょう。バイリンガルの子どもたちの持つ単語数全体は、バイリンガルの子どもたちが二言語の語彙を持っていることを考慮に入れると、モノリンガルの子どもたちと同じであるか、時にはそれよりも多くなっています。それに対して、バイリンガルの子どもたちの個々の言語の語彙数はいささか少なくなります（これについては第4章でもう一度触れます）。幼児にみられる言語発達の他のいくつかの側面がバイリンガルの子どもたちにも見られます。つまり、最も発音が難しい音は他の音より遅くに現れ、初語の過剰拡張（あらゆる四つ足動物について「ニャー」と呼ぶこと）があり、文は少しずつ長くなります。

同時的バイリンガルの発達に関する三つの理論がここ数年前から提唱されました。第一の理論によると、幼児は、最初に一つの言語体系を発達させ、それが少しずつ二つの言語体系に、つまり、それぞれの言語に一つずつに分かれます。第二の理論は、二つの言語体系が最初から分かれているというものです。さらに、最近できあがった第三の理論によれば、早期から二つの言語体系があるものの、それらは相互に依存しているというのです。なぜなら、二つの言語体系は互いに依存しており、とりわけ優勢言語の方に依存しており、それは特に最も劣勢な言語に影響力をおよぼすのです[*10]。

第一の理論の支持者はたいへん多く存在し、ごく幼い子どもが言語を混交することを強調しますが、これは子どもが成長するにつれてあらわれなくなります。さらに、彼らによれば、語彙発達の初期にあって、ある言語のある単語は別の言語で対応する単語があるとは限りませんが、初期段階の数年を過ぎても、相補性の原理によって部分的に説明できるのです。とりわけバイリンガルのごく幼い子どもは、二言語で対応する単語を知っていても、明瞭に発音するのが難しければ、一つの言語でそのような単語を発音しないようにします（英仏語のバイリンガルの子どもは、「ギャルソン（garçon）」ではなく「ボーイ（boy）」と言いますし、「ナイフ（knife）」ではなく「クトー（couteau）」と言います）。ついに、子どもたちはそれぞれの言語から単語を組み合わせて新語を生み出します（たとえば「ショー（chaud）」（熱い）と「ホット（hot）」に基づいて「ショット（shot）」と言ったり、「ピクル（pickle）」（ピクルス）と「コルニッション（cornichons）」を組み合わせて「ピニション（pinichon）」と言ったりします）。また、対応する意味の二つの単語が共存する混成語（たとえば、「パパ・ダディ（papa-*daddy*）」「ショー・ホット（chaud-*hot*）」「ビッテ・プリーズ（*Bitte-please*）」など）も作り出します。

はじめから二つの言語体系があると主張する人々は、子どもたちは目の前の話し相手に対して非常に早い時期から必要な言語を選択し、バイリンガル・モードによる言語混交を除いて、言語構造がいずれの言語から来ているかを理解していると主張します。形態は正しく、語順といった統語論上の規則は守られているのです。

今日では実に多くの研究者が、分離しているものの相互に依存している二つの言語体系という仮説に納得しているようです。実際のところ、二言語が同じ進度で発達するのは稀で、そのため優勢言語が干渉を通してもう一つの言語に影響を与えているのです。さらに、このように不平等な関係があるため、いくつかの言語構造はある言語においてもう一つの言語よりも早く発達するようになるのです。この優勢にあることを別にすれば、いくつかの規則や構造は一つの言語でより早く習得されます。なぜなら、それらの構造はある言語の方がもう一つの言語よりもただ単に複雑でなかったり、わかりやすいからです。

このような問題を研究している心理言語学者はみな、同時的バイリンガルは自らの文法と語彙を構築し、それぞれの言語に自分の持っている言語を割り当てているにちがいないという点で一致しています。どのようにしてこれを行なっているのでしょうか。これは、それぞれの言語の音声面ならびに韻律面での指標と言語構造に関する情報に基づいています。さらには、言語が話されている文脈やそれを用いている人々をも考慮に入れています。「一人に一言語」のアプローチを用いると、子どもは複数言語を組織化するなかでこのアプローチを活用することから、二歳か三歳の幼いバイリンガルが言語の「管理人」になったり、また複数言語を話す人々の「管理人」となっていることがわかります。話し相手が人と言語の結びつきに違反をすると、幼いバイリンガルの子どもたちは混乱のあまり、かなり激しい抵抗を行ないます。たとえば、二歳半でフランス語と英語のバイリンガルのジュリエットは、五歳の幼い英語話者のマークと英語で遊んでいました。マークはジュリエットを喜ばせようと思い、母親にフランス語で「来る（come）」は何と言うのかたずねます。マークはジュリエットの方を向いて「来て、来て（Viens, viens）」と言います。しかし、ジュリエットは喜ぶどころか「マーク、そんなことしないでよ！」と怒って答えます。「一人に一言語」の結びつきが強いことから、バイリンガルの子どもは、親が思い切ってコード・スイッチングをしたり、借用をすると、それを修正することになるのです。モロッコのように、両親がある言語から別の言語へと頻繁に移行するような家庭をみると、このような結びつきは存在しない訳ではないにせよ、はるかに弱いものです。実際のところ、モロッコではひとりの大人が家庭内で複数の言語をある程度かわるがわるに使うことから、多くの子どもたちは生後すぐに、頻繁なコード・スイッチングを聞き慣れているのです。[*11]

継続的バイリンガリズム

これまでの同時的言語習得に集中してきた研究は、継続的な言語習得を、あまり検討していませんが、これはバイリンガルの子どもたちのほとんどに当てはまるものです。研究者間では何歳の時に言語習得が同時的バイリンガリズムから継続的バイリンガリズムに移行するのかについて、意見の一致をみていませんが、およそ三歳から五歳の間であると推定されています。実際、バイリンガルの子どもたちの大半は家庭で第一言語を習得し、次に家庭の外部で、主に学校に入った時に第二言語に接触します。そのため、子どもたちは第二言語を習得する前に一つの言語を保持しており、新しい言語をやすやすと学習するため、第一言語を用いることができます。子どもたちは語用論的能力ならびに社会文化能力を持っており、これもいざという時の助けとなります。

アメリカの言語学者リリー・ウォン＝フィルモアは、第二言語を学ぶことなく、第二言語と接触をして、バイリンガルになる子どもたちに関心を寄せました。[12] ウォン＝フィルモアによれば、三つの要因が相互に作用しています。すなわち、ある言語を学習しているとわかっている学習者、学習者の習得を助ける言語話者、そして、特に学校やまた学習者の暮らすコミュニティなどが関係する文脈の三者が関与しているのです。そしてまた習得過程の問題があります。社会的側面に関係する過程をみると、学習者は、人々が互いに話す時に何が起きているかを観察し、何を話しているか、どのようにふるまっているかを見抜こうとしています。また、学習者は話し相手が自分たちの要求に敏感になるように励まし、学習者が話し相手を理解できるよう、話し相手が言語産出を調整していることを確かめなければなりません。つまり、両者は協力しなければならないのです。ウォン＝フィルモアは学習者が用いる三つの社会的方略を示します。すなわち、グループに加わり、理解していなくとも、やりとりを理解しているようにふるまうこと。いくつかの単語や表現を使ってその言語を話せるという印象を与えること。最後に、助けてくれる友だちを頼りにすることです。

『バイリンガル——人生と現実』の中で、私は、スイスのフランス語圏で両親と一年半を過ごした一〇歳のアメリカ人の子どもシリルのケースを引き合いに出しました。[13] シリルはスイスに来た時にフランス語を話せませんでしたし、学校の仲間も英語を知りませんでした。シリルはすぐに次のような決まり文句を学びました。「これは何？」「……を一つください」「黙れ」「どけ」「今はいらない」などなど。これらの表現は、「おい、触るなよ。手を出すな」「ねえ、フランス語を話してください」とすぐに長く、また複雑になりました。シリルの仲間は、フランス語をかなり簡単に話してシリルを助けました。たとえば、村祭りの時に信じがたいほど魚が採れると、フランス語話者の若者は「僕、ワニ、持ってる。君に、あげる」とシリルに言いました。

言語面に関わる別のプロセスもあります。学習者はまた意識することなく、言語機能にもとづき、また言語の使われ方から話し相手に関する情報を獲得し、またある文脈で用いられている言語の反復的な側面から話し相手の情報をも入手しているにちがいありません。学習者は語られていることに注意を払い、伝達されたメッセージと観察している出来事のあいだに関係があると想像するのです。しばしば、学習者は人々が何について話しているかを想像し、まさに新しい言語でそれに対応する単語を探しながら、第一言語に基づく言語知識（カテゴリー、構造、言語行為など）を探しだそうとします。最後に、認知側面に関するプロセスをみると、発展段階にあるバイリンガルの子どもは、いつも文脈にもとづきながらも、新しい言語のさまざまな単位と言語を支配している規則を発見していくのです。これに成功するために、学習者は連想力や推論力、分析力といった認知能力や学習方略に頼るのです。

第2章で考察したように、学習者は新しい言語の習得へと向かうなかで、さまざまな中間言語を経由します。新しい言語は第一言語からの借用によって特徴づけられるだけではなく、また過剰拡張や簡略化、過剰修正、回避といった中間言語の特性によっても特徴づけられます。そこで、この歩みを検証するためにもう一度シリルに戻りましょう。シリルの父親はシリルに向かって、フランス語圏の国に滞在している時には毎月のように、またアメリカに帰国後は数カ月の間、『赤ずきんちゃん』のお話をするように頼みました。クリスティーヌ・デプレはこれを文字化し、言語学的分析をしましたが、それは一〇歳の少年がフランス語学習の際にたどる段階をはっきりと示すものでした[*14]。スイスに二カ月半だけの滞在をした後に次のような話をしてくれました。「ある日のこと、一人の猟師が彼のママに電話します。ママは言います。『私、とても、とても病気なの』。彼は言います。『さようなら』。そして電話をテーブルに置き、彼、彼の娘に言います。『おまえ、おばあちゃんが病気だ』。すると娘は言います。『私とあなた、おばあちゃんにお菓子を作るかもしれない』。そして、パパは言います。『そうだね』。お菓子ができたあと、小さな娘は赤ずきんと赤い上着を身につけ、お菓子を鞄に入れ、娘おばあちゃんに会いに出発します」。クリスティーヌ・デプレは、この物語に見られる電報のように簡潔な文体、簡略化（連結詞「être」や冠詞の削除、動詞を活用する代わりに不定法を使用する、人称代名詞と所有形容詞としての「おまえ／あなた（toi）」／「私（moi）」の形式だけを使用する、一つの時制に限られた動詞活用など）、語彙の制限（いくつかの語の反復使用）、英語の影響（lui's の所有構造。原文では「彼の」は lui's と、フランス語の「彼（lui）」に英語の所有構造がつけられている）、「娘おばあちゃん（la fille grand-mère）における限定詞の前置、文法上の性と前置詞構造の混同」を指摘します。

一〇カ月後に、シリルは著しい成長をとげました。「ある日、一人の猟師が彼の母親電話しました。そして、彼は言いました。『元気かい？』そして、おばあちゃん、彼女は言いました。『私はとても病気なの。ベッドから出られない』。彼は電話を切った後、次に、彼は幼い娘に言いました。『おまえのおばあちゃん、彼女はとても病気だ。おまえは彼女にお菓子を作ってあげられるかい』。『はい、パパ』と幼い娘は答えます。お菓子ができあがると、彼女は赤ずきんを身につけ、おばあちゃんの家に出かけました」。動詞の活用と時制の用法をほぼ完璧に習得し、文法上の性の区別もよく獲得されているようだが、間接話法の習得は簡単ではないとクリスティーヌ・デプレは指摘しています（数年後、シリルは両親といっしょにスイスに定住し、シリルのフランス語は安定し、ドイツ語も身につけてシリルはトライリンガルになりました）。

ある環境で第二言語を学び、その後にバイリンガルになる子どもや若者は、それぞれたいへん異なっているのです。彼らはそれぞれ異なる文化や言語、社会グループの出身で、年齢も様々で、異なる認知能力を持っており、言語習得やバイリンガルになることについて様々な態度を示していま す。ですから、言語学習の方法や到達の成果が大きく異なるのは当然なのです。シリルのように、多くの間違いをしても、思いきってコミュニケーションをする人もいれば、もっと控え目な人もいるのです。シリルの弟のピエールは慎重で、ずっとおとなしかったので、まさにこのタイプの子どもです。シリルは非常に早くからおおざっぱなフランス語を話し、発音や文法上の性、文法構造の面で多くの逸脱を行なったのに対して、ピエールは異なるアプローチをとりました。約三カ月の間、ピエールは授業中にほとんど何も話しませんでしたが、話し始めると、ピエールのフランス語にほとんど誤りはありませんでした。ピエールはなまりもなく話し、文章はうまく作られていました。ピエールは時々、厚かましくもシリルのフランス語を直すことさえありました。

もちろん、自然習得をするなかで一言語を身につけた後に次の言語を身につけてバイリンガルになると、会話や対人面を見ると、たちまちかなり自然なレベルに到達しますが、就学言語の習得、とりわけ読み書きの言語を習得するためにははるかにより多くの時間が必要です。カナダの教育学者のジム・カミンズはこの点を何年も前から強調しており、就学言語は複雑であると述べています。

というのも、これは新たな概念や、特別でしばしば専門的な語彙、そして口語ではほとんど使われない文法構造を使うためであると注意を促しています。カミンズは、自然習得の環境の中で第二言語を習得する学習者が、さまざまな場面を体験するモノリンガルの生徒に追いつくには、少なくとも五年間を要すると推定しています。[*15]

バイリンガルの子どもとその複数言語

バイリンガルの子どもの言語知識と言語使用を図1（二四頁）のような一覧表であらわしてみると、大半の言語が異なる場所に位置しているとわかるでしょう。ある言語がよく知られ、より頻繁に使われているようで、子どもが読み書きできるのはこの言語だけかもしれません。また、図2（三〇頁）のように言語の使用領域を図式化してみれば、おそらくこの言語だけが、あるいはもう一つの言語と二つの言語が、四角形の多くの場所にあると認められるでしょう。このように見ると、バイリンガルの子どもたちにとって、しばしば一つの言語が優勢であることがわかるかもしれません。

同時的バイリンガリズムでは、何らかの言語構造が一方の言語においてより早く発達するという優位性がみられます。たとえば、スティーヴン・バーリングは、ガロ語が優位にあるしばらくの間、英語を話す時にガロ語の音声を用いていました。ポール・キンゼルは、英・仏語のバイリンガルの子どもであるアンヌの言語発達に関する博士論文の中で、優位にある英語がフランス語に影響を与えていると指摘しています。すなわち、「私はその本を探しています（*I'm looking for the book.*）」に基づいて「私はその本のために探しています（Je cherche pour le livre.［フランス語では本来なら pour は不要］）」と前置詞を使用したり、「このピストルを動かして（*You make this gun work.*）」を直訳借用して「このピストルを動かさせて（Tu fais ce pistolet marcher.）」と使役動詞「させる faire」を使用したり、副詞の位置（「私はそっちの方が好き（*I like that better.*）」に基づいて「私は好きそっちの方（J'aime ça mieux.）［フランス語では副詞は動詞の後にくる］」と副詞の位置を変えるのです。[*16] 言語干渉が現れる時に確認したように、継続的バイリンガルにおける言語の優位は、最初のうちはより明らかで、第二言語に強く影響します。たとえば、一〇歳の英語話者であるシリルのフランス語習得の経過をたどると、「僕の鼻に触らないで（*Don't touch my nose.*）」をもとに「僕の鼻に触らない（Pas toucher mon nez.）［正しいフランス語は Ne touche pas mon nez.］」と言ってみたり、「さあ、パパにその歌を言って（*Now tell Daddy the song.*）」を直訳借用して「さあ、パパその歌を言って（Maintenant dit papa la chanson.）［正しいフランス語は Maintenant dit à papa la chanson.］」といった種類の文を作っていました。しかし、フランス語が上達し、スイスでの滞在の終わり頃になると、『赤ずきんちゃん』の作品で確認したように、英語の影響は小さくなりました。

言語モードをみると、バイリンガルの子どもたちはモノリンガル・モードとバイリンガル・モードの連続体をうまく動きまわることをすぐに学びます。極端な場合、彼らはモノリンガル・モードをとって、いくつかのミスをおかしながらも、話し相手と一言語だけを使おうとします。もう一つの極端な場合、彼らは他のバイリンガルの子どもとコミュニケーションをし、基盤言語を選び、必要とあらば、バイリンガル・スピーチを使うのです。言語学者のアルヴィーノ・ファンティーニは、幼いマリオとカルラの観察をもとに、言語選択を検討しました。[*17] ファンティーニによると、話し相手が最も重要な要因なのです。子どもたちはその個人を知っていると、必要な言語を使っていました。子どもたちが話し相手をよく知り始めた時だけが問題でした。子どもたちはスペイン語に移行したいのに、その英語にはコード・スイッチングが含まれていました。相手が外国人であれば、他の要因が介入してきます。スペイン語環境にいるときに子どもたちはスペイン語を使用していました。たとえば、メキシコとボリビアではスペイン語を用いていましたが、アメリカでは英語を使用していました。そのために、テキサス州のメキシカン・レストランでスペイン語が聞こえてきたり、バーモント州［アメリカ合衆国の北東部ニューイングランド地方にあり、ヒスパニックの人口は一％程度と少ない］でスペイン語のラジオ番組を耳にしては驚いていました。

話し相手がラテン系のようなときは、マリオとカルラはスペイン語を話そうと思いましたが、相手がスペイン語で答えてくれなければ、二人は英語を話し続けました。言語の流暢さの度合いも重要な役割を果たします。マリオとカルラは四歳からすでにこの変化の可能性をわかっており、もし相手が苦手な言語を使っているとわかれば、二人はすぐに言語を替えていました。このことから、次の事実がわかります。バイリンガルの子どもたちは相手に苦手な言語を使わせて、少しばかり練習させようとは少なくとも思いません。ところが大人は喜んで苦手な言語を使おうとするのです。マリオとカルラは複数言語を使って、ある人を仲間に入れたり、排除していたのです。ある日のこと、マリオは母親と台所にいました。母親とはふだんスペイン語で話をします。そして祖母とは英語を使っていました。マリオは家庭の言語であるスペイン語で発話を始めましたが、祖母を会話に加えるために、すぐに英語に変えました。つまり、幼い子どもにとっては、話し相手が最も重要な要因で、その後に会話の文脈ややりとりの機能が重視されるのです。会話のテーマや年齢、相手の人の地位や職業といった、大人に認められるような他の要因はだいぶ後になってから関わってくるのです。

バイリンガル・スピーチをみると、バイリンガルの子どもは大きくなるにつれて（ある子どもではすでに二歳から始まりますが）コード・スイッチングを用いてあいまいな点をなくし、発話を明確にし、注意をひこうとします。それから、ある単語や表現を強調するために、そしてその次の段階になるとコード・スイッチングによって発話は洗練されるのです。もちろんコード・スイッチングを行なう頻度は、大人でも行なうように状況や、特に話し相手によります。もし、話し相手がバイリンガル・スピーチを受け入れれば、より頻繁にコード・スイッチングをすることになります。そうでなければ、コード・スイッチングはそれほどあらわれません。心理言語学者のエリザベス・ランザは、ノルウェー語と英語のバイリンガルの二歳になるシリをもとにこの問題を研究しました。母親はシリとバイリンガル・スピーチをしなかったので、シリがもう一つの言語に移ったり、シリが、「はい」「いいえ」の答えを期待した質問をした時には、わからないふりをしていました。この一方で、父親はより簡単にコード・スイッチングを受け入れていました。父親は会話をしながら、コード・スイッチングがわかっていることを示し、自分でも、時にはバイリンガル・スピーチを使用していました。幼いシリは両親のこのような好き嫌いをさとり、母親より父親とバイリンガル・

スピーチを行なっていました。シリは母親と話すときは言語連続体の中でもモノリンガルの極へと傾いていました（そこに到達していないのは、シリはまだ幼く、時々もう一つの言語に頼ってしまうことがあったからです）。一方、父親とはバイリンガルのもう一方の極にありました。[*18]

バイリンガルの子どもに「言語混交」がみられるのは、その子どもが二つの言語で苦労しているからだと考える人がいますが、これは間違いです。このような習慣は、同時的バイリンガルが二言語を習得する初期において当たり前のことなのです（特に、単語を探す時には言語を混交します）。これは多くの心理言語学者が証明したように、時間の経過とともに大幅に減少します。継続的バイリンガルがある言語を学んでいる最中に、うまくコミュニケーションができるようにと当然のことながら優勢言語が介入することもあります。クリスティーヌ・デプレは、フランス語が優位にある一方で、アメリカ人の父親には英語で話す子どものわかりやすい例を提示しています。「これは僕の家だよ！　パパ、わかるでしょ。それ捕まえられるよ（This is my house! You *comprends*, Papa, you can *rattrape* that.）」[*19]。もちろん、この子どもは劣勢言語で進歩するとすぐに、もう一つの言語にあまり頼らなくなります。この子どもはまた、言語混交が見られる時にはバイリンガル・モードにもなれます。もし、二言語を知っている人に話している時ならば、相手とコミュニケーションを取るために、言語知識をすべて用いるのは当然です。さらに、バイリンガル・スピーチをふだん行なっている家庭で育つ子どもたちもいます。このような子どもたちは家の外でモノリンガルのコミュニケーションを発見すると、適切な言語モードを学びますが、これはある程度の時間がかかります。

バイリンガルの若者は通訳の場面でのびのびとしていることが知られています。ブライアン・ハリスとビアンカ・シャーウッドは、ごく幼い時からいくつもの言語の通訳をしていた[20]イタリア出身の少女、BSのケースを引きあいに出します。BSの父母はいくつものイタリア語方言を話しており、四歳になる前からBSはある方言から別の方言へと通訳をしていました。家族がベネズエラに移住し、食料品店を開くと、BSはすぐに身につけたスペイン語で客をもてなし、両親の通訳をしていました。八歳で家族がカナダに移住すると、BSは言語レパートリーに英語を加えて四言語使用者になりました。BSは両親を手伝い続け、電話や訪問客との応対、テレビ番組などを通訳していました。またBSは同時通訳やもう少しやさしい逐次通訳を自分で行なっていたのです。さらに、BSは両親と多数派の英語話者のメンバーとを結びつける役目をも引き受けていたのです。BSは両親になぜある事柄はこのように行なうのかを説明し、ビジネスでの交渉にあたり手助けをする人となり、その間、しばしば父親の激しい感情を抑えなければなりませんでした。たとえば、BSの父親は彼女に、話し相手がばかだと言うように頼むのです。BSは若いにもかかわらず、実に如才がないので、父親は申し出を受け入れないと伝え、すると多少なりとも英語が分かる父親は、なぜ自分が言うように頼んだことを伝えないのかとイタリア語で問い詰めるのです[21]。

幼いBSのように、多数派の言語と異なる言語を話す家庭で多くの子どもたちは、両親や家族全体に対してこのようなサポートをします。手話について研究をするときに、私は、耳の聞こえない親を持ち、多数の健聴者の子どもたちがごく幼い頃から通訳を務めるのを見てきました。このような場合、電話交換手に電話番号を尋ねなければならない時や業者に何かの注文をする時に、問題となることがありました。話し相手は母親か父親と話すことをしつこく頼むので、小さな子どもは、親は耳が不自由だと言わなければなりませんでした。グアダループ・ヴァルデスは、このように通訳を務める子どもたちの行なう方略を研究したところ、子どもは重要な情報を提供しつつも、言語や韻律のレベルで自然な口調を維持しながら、限られた語彙の問題をかわすことができると指摘しました。ヴァルデスは、このような子どもたちが認知レベルで、極めて優れた個人としての特徴を備えていると結論づけています。[*22]

最後にことば遊びをとりあげてこの節を締めくくりましょう。韻を踏んだり、新語を作ったり、変則的な文を作ったり、モノリンガルの子どもたちがことば遊びをすることはよく知られています。バイリンガルの子どもたちも、自分たちの言語を利用して同じことを行ない、言語を刷新しようとします。フランスの言語学者のイヴ・ジャンティオムはある発表の中で（これは当時あまり注目されませんでした）、自分の子どもの頃のフランス語・ロシア語バイリンガリズムと、他のバイリンガルたちとの遊び方を回想しています。たとえば、彼らは「皿（assiette）」というフランス語の単語を借用し、それにロシア語の対格の語尾をつけて、ロシア語の文に組み入れ、「お皿を頂戴（*Daj mne asjetu*）」としていました。また別の時には、彼らは「私の可愛い人（mon petit chou）」のような慣用表現を取り上げて、それをロシア語で直訳し［直訳は「私の小さなキャベツ」］、何も意味しないと実に真面目な調子で言っていました。[*23] バイリンガルの子どもには他の遊びもみられます。それは、自分たちにはないなまりで話す家族のメンバーの話し方をまねることです。子どもたちはまた、家の外の言語で両親に話しかけたり、文中でコード・スイッチングをすることによって、家の言語に従わないこともありますが、これをとがめる親もいます。なぜなら、親は子どもにモノリンガル・

モードでいてもらいたいと思っているからです。しかし、それでも子どもたちはそのようなことを続け、それにより大人の機嫌を損ねようともまったく意に介しません。「遊びとは人から強制されずに行なうことすべてだ」とかつてマーク・トウェインが語ったことが思いおこされます。

家庭におけるバイリンガル

意識するか否かにかかわらず、親は子どもたちのバイリンガリズムを発達させるためにさまざまな言語アプローチを取り入れます。子どもの成長に伴い、さまざまな要因がおとずれ、子どもに影響を与え、さらには子どもをバイリンガルへと変貌させます。

両親の接し方

次に説明するアプローチ[*24]について、そのいくつかは子どもの生後ただちに取り入れられるでしょうし、あるものは子どもの時から、またもう少し後になって使われるようになるかもしれません。最もよく知られて、ある人にとってはほとんど教義となっているものに、「一人に一言語」と言われるやり方があり（ロンジャが著作でこのように命名しています）、これはそれぞれの親が子どもに異なる言語を話すというものです。この利点の一つは、子どもは始めから、しかも自然に二言語の知識を受け入れ、これにより同時的バイリンガリズムが発達するのです。さらに、両親が同じ第一言語を共有していないことが多いことから、親はそれぞれが最もよく知っている言語を使うことができます。しかしながら危険性もあり、二つのうちの一言語がその地域や国で少数言語であるような時など、子どもは学校に通い始めると、最も重要な言語だけを使用するようになります。これは両親がバイリンガルであれば、なおさらそのようになります。ベルギーの心理言語学者アニック・デ・ハウワーは、バイリンガルの幼児に向けられたさまざまなアプローチを長年にわたり研究し、およそ二〇〇〇家族に対する調査をもとに、このようなやり方にもとづく限り、少なくとも四人に一人の子どもがバイリンガルにならないことを解明しました。[*25] それはさておき、時間がたてば、アプローチを変えることも常にあります。それでも、言語を身につけるにあたり「一人に一言語」とすることは、さまざまな利点を与えるものです。

「家庭ではある言語、外では別の言語」のアプローチは、最近の調査によれば、最もうまく機能しています。この場合、たいてい両親が、家で子どもに劣勢言語を話し、もう一つの言語を（たいていの場合、優勢言語となります）外での接触言語とします。いくつかの家庭では、このようなアプローチをあらかじめしますが、おおかたの家庭では、とりわけ出身地以外の国に住んでいる家庭では、これがごく自然に行われる方法です。この二つの家庭での違いは次の点にあります。前者の家庭では、子どもが家庭の言語をよりたやすく習得できるよう、より厳しくこのアプローチを取り入れます。アニック・デ・ハウワーの調査によれば、もし両親が二人とも家で同じ言語を使えば、外の言語とともに家庭の言語は著しく継承されることになります。確かに、このアプローチは難点があります。一番の難点とは、おそらく両親のうち一人が自分の第二言語あるいは第三言語を子どもに話さなければならないということです。もう一つの難点とは、外の言語がテレビや両親の友人、子どもたち、学校関係の活動を通して家庭の中に入りこんでくれれば、家庭の言語をいずれにせよ強化しなければならないということです。

第三のアプローチ、「まず一言語を、次にもう一言語を」もまた大いに広まっており、多くの子どもたちのバイリンガリズムの基礎となっています。このアプローチを実践する家庭で、子どもの第一言語はしばしば劣勢言語ですが、いつもそうではありません（後述するバイリンガル教育プログラムに入る子どもたちのケースを参照）。両親はたいてい子どもが学校に入るまでの数年間、その言語だけを使用します。そうすることによって、別の言語が子どもの生活に入ってくる前に第一言語がしっかり定着するようになるのです。確かに、前述のアプローチのように、両親のうちどちらかは自分の第二言語か第三言語を話さざるをえないでしょうし、また子どもの活動ややりとりがみな始めから第一言語で行われることを確かめなければなりませんが、別の言語を身につける前にしっかり確立されていることが大切なのです。

他の二つのアプローチもさっと見ておきましょう。まず、二言語が使われなければならない場合、どの言語を使うかを特定するアプローチです。たとえば、午前中はある言語、午後は別の言語を使うとか、週の前半はある言語を使い、後半にもう一つの言語を使うというように特定化するアプローチです。この方法は、学校のバイリンガル・プログラムのように家庭の外で行なわれることが多く、これは良い結果をもたらしています。また、自由なアプローチもあり、これは場面ややりとりの内容、話しかける人によって、さまざまな言語をそれぞれ取り替えられるように使うものです。しかしながら、この二つの最新のアプローチを使っても、子どもが友だちや学校、あるいは家の外で行う活動などによって優勢言語（これは家の外の言語であることが多いのですが）に接触すると、その言語がすぐに支配的になるという危険性があります。

変化の要因

子どもが成長するにつれて、多くの要因が子どものバイリンガリズムに影響を与えることになります。第一に影響を与えるものは両親のバイリンガリズムで、子どもは複数言語を共有する大人を目のあたりにします。これによりバイリンガル・モードに身を置き、さまざまの基準に従って、特に言語を容易に使えるかどうかによって、ある言語を選ぶようになります。一つの言語で苦労している子どもが、二言語をよく知っているものの、別の言語を強く求める親を前にすると、子どもは一番やさしい言語、多くの場合は、優勢言語の方に流れる傾向にあり、優勢言語を基盤言語として選んだり、多くのコード・スイッチングや借用をするのです。親が子どもに x 語で話しかけるのに、子どもが y 語で答えてしまうという親の不満を何度聞いたことでしょうか。そのような時にはよく、子どものバイリンガリズムを最も誹謗中傷しているのは、両親のバイリンガリズムだと笑いながら答えたものです。

「劣勢言語」で両親とコミュニケーションをとる子どもを見ると、親によっては、怒った態度をとりますが、それは対立の空気を作り出すだけで、その状況を改善するものではありません。子どもは、家族のメンバーや保育士などの他の大人たちと、あるいは二言語のうちの一つしかできない遊び仲間と、当該言語でときどきはモノリンガル・モードに身を置いたり、普通ならば一言語だけが使われる外部の文脈に身を置けるようにした方が良いでしょう。たとえば、シリルとピエールというバイリンガルの子どもの両親はアメリカへ帰ると、子どもたちが新たに習得したフランス語を維持するために、さまざまの「ソフトな」アプローチを用いました。まずは、両親は最近に渡米したフランス語話者の家族を探し、子どもたちが友だちとなるようにしました。数カ月間、シリルとピエールは友だちとフランス語で話さざるを得ませんでした。それは友だちが英語を習得するまで続きましたが、友だちは早々に英語を習得してしまったので、両親はまた多くのスイスの友人を招待し、アメリカの彼らの家に数週間過ごしにくるよう誘ったのです。その子どもたちは英語ができなかったので、完全にモノリンガルな環境を作ることになりました。そして、この家族は定期的にスイスとフランスに戻り、子どもたちがひとりでに言語リソースを取り戻せるようにしました。バイリンガルの子どもを劣勢言語のモノリンガル・モードに置く機会を作ることは、少なくともメリットが二点あります。というのも、子どもはこの言語について補足的な言語提供を受け、これによりその言語を習得し維持することができるのです。そしてまた、このことにより、モノリンガル・モードとバイリンガル・モードの連続体を動きまわる練習をして、話し相手や状況に合わせるようになるのです。

クリスティーヌ・デプレは、両親の用いるアプローチに影響を及ぼす他の要因を指摘しました。[*26] 第一の要因は、兄弟間の他の子どもたちに関係するものです。長男や長女が下の子どもたちより劣勢言語をうまく話すのはよく知られています。もう一つの言語、すなわち、たいていは外の言語が他の子どもたちに較べて影響を与えないためです。しかし、長男や長女も他の子どもたちと遊びや就学で外に出かけるようになるとすぐに、みずからが家に優勢言語を持ち帰り、弟や妹たちとその言語を使用するようになります。バーバラ・アブデリラ＝バウアーは、はじめの子どもは両親の関心を一身に受け、このようにして、劣勢言語からの言語提供を受け取ると強調しています。しかし、家庭外、とりわけ学校で、子どもは新しいネットワークに属し、そこでは優勢言語だけを話すことから、優勢言語を家に持ち込むことになります。多くの場合、この時点で親によっては「一人に一言語」から「家庭で一つの言語・外でもう一つの言語」へアプローチを変えて、子どもの劣勢言語を強化しようとするのです[*27]。

友だちと違うと感じたくない、周囲の社会に十分に関わりたいといった子どもが感じる同化への願望もまた重要です。時には、あまり威信がないと感じられる家庭の言語や、多数派言語を話す両親の「奇妙な」話し方に対して、羞恥心が生まれます。英語圏の作家、リチャード・ロドリゲス［一九四四年、メキシコ移民の家庭に生まれたアメリカ人作家］は、スペイン語圏出身でありながら若い頃にほぼ完全に英語のモノリンガルになったのですが、「私は両親が英語で喧嘩するのを聞くと、動揺してしまいました。それを聞くと、私はびくびくしてしまったのです。両親が守ってくれる、両親には力があるといった全面的な信頼が小刻みに震えたのです[*28]」とそのときのことを実にうまく表現しています。オリヴィエ・トッド［一九二九年生まれ。オーストラリア・ハンガリー系の父とイギリス人の母を持つ作家］の方は、英国出身の母親には「英語なまりがあり、それは歯の間に挟まった肉の塊のように自分を苛立たせました」と語り、「私たちは通りや店で人目につきました。時々、私は人目につかずにはいられないこの女性を知らないふりをしていました。私は母の薄紫色の帽子となまりが恥ずかしかったのです」[*29]と伝えています。バイリンガルの子どもたちは強い同化願望を持つと同時に、他の人々と同じようにしたいとする気持ちを持っています。スティーヴン・カルダスとスザンヌ・カロン＝カルダスは三人の英・仏語バイリンガルの子どもたちを経年調査することによって、興味深い検証をしています。[*30]この家族は、学年度中はルイジアナ州に、夏休みはケベック州に住んでいます。アメリカにいると、子どもたちは、外でも家でも両親に英語で話すと言い張りますが、ケベック州にいると子どもたちと両親とのやりとりはフランス語になります。なぜなら、そこでは友人たちがフランス語話者だからです。著者は、子どもたちにみられる並列モノリンガリズムを話題にしているのですが、これは非常に特別なバイリンガリズムの一形式なのです。

兄弟内での順番はどうであれ、子どもたちが学校に通うようになるとバイリンガリズムに重大な影響が与えられます。多数派言語が使用領域を広げながら短時間のうちに著しい進捗をとげるだけでなく、少数派言語が使われなくなり始め、それは時には摩滅へと至るほどです。マリカ・ヘンセカール＝ベナビが述べるように、この言語喪失は「第二言語との出会いが母語を不安定にする状況に起こるもので、母語が価値のある文化的対象と考えられておらず、本当に感情のこもったやりとりや文化に関わるやりとりの中で長期にわたって入りこんでいない場合に起こる」[*31]。心理学者で心理療法士のフランシーヌ・クエトゥ＝ユングマンと共同研究者が主張するように、精神衛生の部署で研究している多くの専門家は、今では、移民の子どもたちの母語の継承や実践をますます奨励するようになりました。なぜなら、母語はホスト国の言語習得を容易にする知識を構造化するものので、子どもたちの出自との結びつきを強めるからです。[*32]

子どもの言語環境の中での重大な変化は、国を変えたり、別離などによって強められるもので、多かれ少なかれ長期間にわたって、外の言語を選択して沈黙をしてしまうこともありえます。両親や数多くの幼稚園の先生たちは、突然、新しい言語に直面し、外国出身の子どもや、あるいはバイリンガルになる途中の子どもたちの中で、この一時的な沈黙があらわれることを指摘しています。ダリラ・ルズーグやシルヴェーヌ・ド＝プラエン、マリカ・ベンセカール＝ベナビとマリー＝ローズ・モロによれば、これらの子どもたちは、家で家族と一緒の時は難なく話しますが、外や学校にいたり、あるいは知らない人がいる所では話をしなくなります[*33]。無言症は通常ならば心配の種ではないのですが、それが数カ月も続く場合は問題となります。これは例外的なケースですが、その場合には、ボビニーにあるアヴィセンヌ病院の小児・青少年精神病理学科のような専門家によるサポートを必要とします。実際、マリカ・ベンセカール＝ベナビは、「人間関係や、コミュニケーションを十分に補強したにもかかわらず、もし無言症が続くならば、その反動として、孤立したり、人格が不安定になったり、言語への欲求が減少したり、その結果、学習に影響を与えることがある[*34]」と説明します。

新しい言語、あるいはすでに身につけた劣勢言語による就学は子どもに影響を与えるだけでなく、概してその家族にも、とりわけ両親に影響を与えるものです。たとえば、ダリラ・レズーグと共同研究者たちは、Aさんのケースを報告しています[*35]。アルジェリア出身で、四人の子どもの母親であるAさんは、話し合いの時に、二番目と三番目の子どもたちはフランスで生まれ、幼稚園に入るまではアラビア語を話していましたが、学校に入って数カ月すると、子どもたちは両親にフランス語で話すようになったといいます。一番下の子どもは幼稚園に入る前から年上の兄弟姉妹とフランス語を話すことを覚えたので、年上の子どもたちに匹敵するほどアラビア語力を上げることは決してありませんでした。下の三人の子どもたちがアラビア語を喪失してしまったことをつらく感じたと言います。Aさんは、子どもたちと気がねなく話をすることができず、いつも理解されていないことに苦しんでいるからです。Aさんは孤立を覚え、自分には価値がないと感じています。リチャード・ロドリゲスはといえば、子どもたちが英語に乗り換えるためにスペイン語を放棄した時の変化を直接に見た目撃者でした。「今までにない静けさが家を満たしていた。この静けさは、他でもない私たちがますます英語を学び、両親と共有する語がますます減っているためでもある。私たちは母や父に話しかける時に非常にゆっくりと文章をきちんと発音しなければならなかったのだ[*36]」。

ここまでで述べてきたことにもかかわらず、家庭でのバイリンガリズムはほぼうまくいくものです。クリスティーヌ・デプレは、家庭での二言語使用について、パリ圏の一二歳から一六歳の五〇〇名の子どもたちと約六〇〇名の大人にアンケート調査やインタビューを行ない、それを検証しました[*37]。五名のうち四名が両親の言語をとてもよく理解し、あるいは、よく理解し、四名のうち三名はそれをとてもうまく話せる、あるいはうまく話せると表明しています。デプレが説明するように、この結果は、バイリンガリズムとは「受動的」で、そのためにおそらく一時的なものであるとの考えが有効でないことを示しています。家庭での言語使用については、一四％がフランス語だけを使用し、八％が別の言語だけを使用し、五分の四近くが（一つの言語だけがそれぞれの場面に割り当てられる）交替方式で、あるいは、一言語だけよりも明らかにより多い割合（五〇％以上）で（どの話し手でもどんな時でもある言語から別の言語に移ることができる）同時方式で、二言語を用いています。最初は他のアプローチが予定されていたり、使用されていても、前に述べた自由なアプローチがはるかに勝る傾向にあることが分かります。

バイリンガルの子どもと共に暮らす

バイリンガルの子どもと共に暮らすためには、両親や親戚の人々、保育士が、教育者や医療の専門家とともに、バイリンガリズムとは何かに慣れ親しみ、バイリンガリズムに関する社会的通念を自覚することが重要です。バイリンガルになることが何を意味するのか（第2章参照）を理解し、一つの言語使用と、言語知識を区別できるようになることが重要なのです。バイリンガルの家庭では二つの要因が存在しますが、語学教室やバイリンガル・プログラムによっては、知識の要因が優先して、子どもたちが潜在的なバイリンガルになることもあります。また両親は、バイリンガルの生活での多くの現象を左右する相補性の原理の重要性や、あらゆる時に行動を支配する（モノリンガルやバイリンガルの）言語モードを理解する必要があります。さらに、子どもにおけるバイリンガリズムの発達（同時的習得、あるいは継続的習得）について、何らかの知識を持つことで、言語の習得段階が理解できたり、子どもが始めは複数の言語を「混ぜたり」、二言語のうちの一つの言語を大人に話そうとしない理由がわかるようになります。最後に、三言語の家庭をみると、アニック・デ・ハウワーによれば[*38]、最良の結果を出すのは、（少数派の）二つの劣勢言語を家庭で使い、多数派言語を外で使うことで、できれば、親が二人とも劣勢言語を子どもたちに話すことのようです。

とはいえ、次のような社会的通念が知られているにちがいありません。バイリンガリズムは稀である。バイリンガルであるとは二言語を完璧に、またバランスよく習得していることを意味する。さらに、なまりもなく、幼い頃に二言語を習得している。バイリンガリズムは子どもたちの認知上の発達に悪影響を与える。もう一度繰り返しますが、これらはすべて間違いです。カナダ人研究者のジョアンヌ・パラディ、マルタ・クラゴとキャロル・ベランジェは、社会には、また教師や発音矯正士の間でもかなり、いまもなおあまりにも間違った意見が広まっていると抗議をしています。すなわち、二言語の同時学習は子どもを混乱させ、言語の発達を遅らせたり、言語障害がある人々にとってバイリンガリズムは負担が重すぎるというものです（その結果、モノリンガルな環境で子どもたちを育てるよう両親にすすめることが実によくあるのです）。「このような社会通念を支持するいかなる、体系的、実証的証拠も存在しない[*39]」と研究者は抗議しているのです。確かに、言語障害で苦しんでいるバイリンガルの子どもたちもいますが、割合として、モノリンガルの子どもたちより多いわけではありません。これは、マガリ・コールが着手し、他の一〇名の同僚の医師や発音矯正士、心理学者たちが引き継ぎ、約五年間のあいだ、モノリンガルかバイリンガルの環境で育てられた四七名の子どもたちに関する学際的評価を四日間にわたって分析した研究が示していることです[*40]。その結果は明らかです。特定の言語障害（失語症）にかかっている子どもたちの割合は、バイリンガルのグループでもモノリンガルのグループでも変わらないのです。この種の研究をみると（そして、同じような種類の他のさまざまな研究もあります[*41]）、専門家は、今後、バイリンガルの子どもたちを持つ両親に、言語障害の有無にかかわらず、子どもたちのバイリンガリズムを維持し、一つの言語を排除しないように勧めることになると思います。なぜなら、一つの言語を排除することは、心理的、社会的そして教育的レベルでマイナスの結果を招くことになるかもしれないからです。

私はまた、バイリンガリズムに積極的な興味を抱くますます多くの親たちに、「言語プロジェクト」を作成するよう勧めています。それは、子どもがそのプロジェクトにしたがってバイリンガルになったり、またバイリンガルを維持しつづけるためにたどる道のりをあらかじめ考えておくためです。そこで両親は、それぞれがこのプロジェクトに協力するにあたり、次の質問に答えればよいでしょう。

・いつ、もう一つの言語を追加するべきか。

もう一度繰り返しましょう。第二言語を付け加えること、バイリンガルになることは、人生のどの時期でも可能なことで、幼少年期でも、思春期でも、大人でさえも可能なのです。シュテフカ・マリノヴァ＝トッド、D・ブラッドフォード・マーシャルとキャサリン・スノーによれば[*42]、できるだけ早く第二言語を加えることが望ましいと表明している人々は、いくつかの事実を考慮に入れていません。たとえば、年齢がより上の子どもたちは、幼少の子どもたちよりも認知レベルで第二言語のより優秀な学習者であり、ニューロンの構造は早期から始める学習者と遅くから始める学習者とでは同じであり、遅くから始める学習者も早期から始める学習者とまったく同じように良い成果を得ているのです。子どものバイリンガリズムの開始年齢を計画する時には、この点を心に留めておく方がよいでしょう。

・どのような言語アプローチを家庭で採用するのがよいか。

家庭で機能するアプローチはいずれにせよ、有効なアプローチなのです。[*43] しかし、もしあるアプローチがうまくいかなくなれば（子どもがモノリンガリズムに移行したり、あるいはモノリンガリズムに回帰する傾向はあります）、いさぎよくそのアプローチを変えたり、また他のアプローチを採用してもかまいません。

・子どもは二言語を使う必要を本当に感じるのだろうか。

子どもが二言語あるいはそれ以上の言語を使う必要を本当に感じたならば、バイリンガルかマルチリンガルになるでしょう。そして、必要がなくなれば、モノリンガルに移行するでしょう。言語とは両親や親戚とコミュニケーションを取ったり、学校や遊び場で他の子どもたちとの活動に参加したり、家族のまわりや地域の人々とやりとりをすることなどに役立つのです。もしやりとりの必要があり、他にも望ましい要因があれば、子どもはその言語を習得するでしょう。必要がなくなるか、両親の一人が別の言語を流暢に話せるのに、話せないふりをしていて、実際には必要がなければ、その言語は徐々に忘れられていくでしょう。場合によっては、両親に迷惑をかけながらでも、その言語を話すのを拒むようになるのです。

・子どもが言語を習得し、維持するのに必要な言語サポートとはどのようなものか。

バイリンガルによる言語サポートが望ましいのですが（時にはコード・スイッチングや借用も見られるでしょう）、二言語のうち一言語しかわからない人がモノリンガルによる言語サポートを行なってもかまいません。その後で、書きことばが語彙や統辞、そしてまた文化面での発達に最も重要な助けになるでしょう。

・子どものバイリンガリズムを強化するためのサポートとは何か。

祖父母やバイリンガルの子どもの世話をする人々といった、家庭の他のメンバーが、さまざまなタイミングで複数言語、とりわけ少数派言語を使用することが重要です。なぜなら、言語サポートに加えて、それぞれの言語には付随した価値があることがわかるからです。子どもたちはさまざまな言語やバイリンガリズムへの態度に実に敏感ですので、その態度ができるだけポジティブであることが重要です。もう一つのサポートとは、教師や心理学者、発音矯正士、言語学者等の専門家にもとづくものでなければなりません。このような専門家がバイリンガリズムに関する知識を持っていれば、両親と話し合い、両親が社会通念と現実を見分けるための助けになるでしょう。家庭内でのバイリンガリズムの奨励や支援を目的とする、最近に誕生した数多くの団体（たとえば、バイリンガル・カフェ）[*44]の貢献も忘れてはなりません。子どもをバイリンガルに育てることは、人生を歩むうえで言語的、文化的に有利な条件をさらに与えるようなもので、この他にも、今やよく知られているような私的な利益を与えることは言うまでもありません（第4章参照）。両親が子どもの言語習得や言語維持についてよく考えて計画を立てることで、万一のときにも失望しないようになり、安定的で、満足のいくバイリンガリズムに至ることでしょう。

学校でのバイリンガリズム

家庭は最も重要な役割を果たしますが、学校の影響もまた大切です。本書はバイリンガリズムに関するものですが、公立学校と私立学校、幼稚園から高校まで、言語教育やバイリンガリズムの発達にかかわる、さまざまな教育課程を網羅的に検討をすることが残念ながらできません。その代わりに、少し距離を取りますが、二種類の学校に注目してみたいと思います。すなわち、バイリンガリズムを、とりわけ言語的マイノリティに属する子どもたちのバイリンガリズムを励まさない学校と、フランス語に加えて、さまざまな言語の知識や運用を支援する学校を見てみましょう。

バイリンガリズムを励まさない学校

学校に通う時点で、すでに少数派言語を知っている子どもがいるとすれば、まず多数派言語の習得を支援しながら、少数派言語が維持できるようにあらゆることを行なうと考えるかもしれません。そのような子どもは多数派言語を口頭と筆記にわたって習得し、学業や社会生活や職業生活で使用することになります。しかしながら、一つ、あるいは複数の公用語を擁護する国民国家が、このようなバイリンガリズムの正当性を承認することはほとんどありません。確かに、国家は、多数派言語や英語のような威信の高い言語や地域語によるバイリンガリズムを奨励するかもしれませんが、少数派の「異」言語に関するバイリンガリズムとなると、ごくわずかの努力しかしないか、あるいは何ら努力をしないのです。それは、時に、その異言語がその国で何世代も前から広く話されている場合でも変わりません。そこで、バイリンガリズムの段階をできるだけ短い期間にとどめ、子どもが第一言語によるモノリンガリズムから多数派言語によるモノリンガリズムに移行するよう、あらゆる措置がなされるのです。学校は教育言語として多数派言語しか用いず、子どもの持つ少数派言語を考慮しないばかりか、少数派言語を使うと処罰にかけられます。一九世紀や二〇世紀初頭のフランスの学校では、子どもたちが授業で彼らの第一言語、主に地域語をごく自然に用いると、教師が罰を下したと聞いたことがあると思います。定規で指をたたいたり、また、「札」(あるいは「合図」や「牛」)の話も聞いたことがあると思います。札は、その日の一番始めに母語を話した人に与えられ、同じことをすると次の人に札がわたされ、その日の終わりに札を持っている人が罰を受けました。

二一世紀の学校から懲罰は完全になくなったのでしょうか。残念ながら、そんなことはありません。たとえば、ケベック州の小学校や中学校にはそれぞれ独自の校則があり、これは、いくつかの重要な規則を示すとともに、それらが守られなかった場合に取られる罰則をも明示しています。この校則には生徒と保護者の一人とが署名をします。これらの規則の中には、授業や授業外でもフランス語だけを用いなければならないとの規則が見られます。たとえば、モントリオール[*45]のピエール・ラポルト中学校の校則は、フランス語を「教育言語かつ使用言語」であると提示し、「ピエール・ラポルト中学校はフランス語話者の学校であることから、英語とスペイン語の授業を除いて、私は常にフランス語を使います」と規定しています。「校則違反の場合に定められた結果」の項には、この種の過失に対して、「居残り、グループ作業、教育研究日における補習、毎週土曜日の補習」という罰則が記されています。このリストをみると、まるで過ぎ去った二〇世紀初頭に戻ったかのようです。フランス語話者でない子どもが授業中や休み時間のあいだ母語にたよることをわからないのは、バイリンガルになるプロセスにある外国出身の子どもの心理をまるで理解していないからです。

今でも何人かの教師に現在も用いられているもう一つのアプローチとは、両親を呼び出したり、家庭訪問をして「子どもができる限り進歩し」「あとで苦労しないために」学校言語を家庭でも用いるよう「勧める」ことです。それはまるで、第一言語を維持しながらでは他の言語を習得し、上達できないかのようです。リチャード・ロドリゲスは忘れていません。「ある日——ある土曜日の朝でした——三人の修道女が両親と話をするために、家にやって来ました。『ロドリゲスさん、あなたの子どもたちは家でスペイン語しか話さないの』。〔中略〕『あなたとご主人で子どもたちに家で英語を話すよう励ますことはできないかしら』。もちろん、私たちの両親は受け入れました。子どもたちの幸せのために、両親は何ができたと言うのでしょうか」[*46]。もっと身近なところでは、有名な小児科医で心理学者のマリー＝ローズ・モロは、マリ出身の子どもマカンの例を引用します。教師は母親に「お子さんは言語障害に悩んでいます。あなたの出身言語を話さないようにすべきです。そうしないと、ここでの勉強から子どもを切り離すことになって、勉強しないようになるからです」。そこで子どもの幸せを望んで、母親は翌日からソンニケ語［マリの現地語の一つ］を話すのを止めました。児童精神医学者のコメントは辛辣でした。「この女性が子どもにフランス語を話させるようにするのは言語面でも、心理面でも愚かな言動です[*47]」。

少数派言語の子どもたちがいるクラスを訪れれば、子どもたちの多くが少なくともはじめの頃は、学校言語を理解していないことがわかります。このことは、トルコ人の幼い女の子が、研究者のジャンヌ・ゴナックとファビエンヌ・ルコントにフランスの幼稚園でのはじめの数週間のことを次のように語っていることからも明らかです。「私は学校で誰とも話しませんでした。何もわかりませんでしたし、私と遊ぶ人もいませんでした[*48]」。このような子どもたちは自分の言語がわかる生徒に囲まれていなければ、しばしば孤立し、不安な気持ちに悩みます。さらに、このような子どもたちは多数派言語を習得している間に、教科教育に遅れてしまうことでしょう。そして、すでに少し言語がわかるようになっても、未知の言語での読み書きの学習は当然のことながら、学校言語がより専門的な語彙や難しい概念、複雑な文法構造を使って行なわれることから、何年にもわたって問題となり続けるでしょう。言語教育学者ジム・カミンズはこの言語面の遅れに追いつくには五年がかかると推測しています。

確かに、教師もいくらかの信頼や熱意をこのような子どもたちに与えようとしていますし、そのような教師はたくさんいます。学校の新学期にあたり、フランス語をわからなかったアメリカ人の子どものシリルに、先生は「ねえ、あなたはフランス語を学ぶのよ、私は、英語を学ぶからね」と優しく言いました。また、マリー＝ローズ・モロは今も先生の優しいことばを覚えています。「六歳のころ、フランス語とスペイン語の単語を混ぜることがありました。ある日、私は先生に、胸飾り（bouffande）をなくしたと言いました。スペイン語では、*boufanda* は『襟巻』という意味です。先生は「それは、詩ね！」と言って私に恥ずかしい思いをさせずに、単語を「発明した」という気持ちを私に与えてくれたので、私はとても誇りを持ちました[*49]」。

このような個人によるサポートは不可欠ですが、制度上での一貫した受け入れ政策も必要です。伝統的なアプローチは多数派言語の個別教育を提供することです。たとえば、新たにフランスにやって来た外国出身の生徒たちは、非フランス語話者のための入門クラス（ＣＬＩＮ）で、第二言語としてのフランス語の授業を受けます。普通クラスに登録しながら、子どもたちはフランス語の授業や特別な語彙を使うフランスの学校教育の進め方についての基礎を教わるのです。他の国で同じような授業を提供しており、そこでは、一定期間、学校言語の集中的な学習が重視されます。残念ながら、どちらかといえばこのような伝統的な教育はいつも非常に役に立つというわけではありません。さらに、このようにクラスの友人から切り離されているということから、子どもたちは他の子どもたちと違うと受け取られ、そのことにしばしば悩むのです。そして、このように出身言語からホスト国の言語へと移行がなされる間、何一つとして出身言語を維持するよう子どもたちを助けてくれないのです。

もう一つのやり方はより穏やかなアプローチと、移行型バイリンガル・プログラムによるものです。子どもたちは一定期間（国によって一年から四年間）、出身言語による教育を受け、そこに少しずつ学校言語を加えていきます。このようなプログラムにはメリットが沢山あります。子どもたちはすでに知っている言語で就学を開始し、教師や友人と容易にコミュニケーションを取ることができます。第二言語を習得しつつ、教科の学力も伸ばせます。さらには、第一言語での読み書きで発達した能力や方略とアプローチが少しずつ第二言語に移行されるのです。確かに、このプログラムの最後には、第一言語を維持するための努力が何もなされていません。なぜなら、その目的は多数派言語で十分な能力を発達させ、多数派言語で残りの就学を続けることだからです。そのために、（少数派言語での）モノリンガルから、もう一つの（多数派言語での）モノリンガルへの移行が常にあり、そこでは学校での短期間の間、バイリンガリズムがあらわれます。しかし、少なくとも、このことは新しい言語と新しい文化に直面している子どもの心理面や社会面での幸せを尊重するものなのです。

これらの移行型プログラムは多くの国々に何十年も前から存在していますが（しかし、フランスにはありません）、二〇世紀にすでに、それらは好意的な反応を呼んでいました。たとえば、言語学者のアンドレ・タブレ＝ケレールは、一九一一年のウェールズの教育委員会主任視学官の発言を次のように引用しています。「まず、ウェールズ語で教育を受けたウェールズ語話者の九歳の子どもは、学校に来たその日から英語だけで教育を受けた一一歳のウェールズ語話者の子どもより、ずっとたくみに英語の読み書きをするだろう」[*50]。

フィリップ・マルテルは教育分野におけるフランスの言語政策について、次のように重要な問題を投げかけています。「なぜ何世紀も前から言語的多様性の影響を強く受けた国で、絶対的なモノリンガリズムの方法を選んだのだろうか」[*51]。実際のところ、言語教育政策には矛盾が存在します。

言語教育学者のクリスティーヌ・エローによれば、「欠点というよりも過小に評価されている言語やその話者と特別なニーズに正面から取り組むことへのためらいが見られる一方で[*52]」言語教育を改善しようという心からの願いに特徴づけられた政策も見られるのです。「バイリンガルの生徒が学校に行くとモノリンガルに戻ってしまい、その同じ学校が生徒たちの言語とは違う言語のバイリンガル・プログラムを提供している」のをどのように説明することができるだろうかと、エローは問いかけています。

社会言語学者のジャクリーヌ・ビリエーズは、フランスにおいて少数派言語を認めてもらうために多くの努力を払い、他の何人かの研究者とともに、バイリンガルの人々、とりわけ移民出身の子どもたちの受け入れを容易にするために大変な尽力を払ったのですが、「さまざまな変化は『下から』生まれるもので、話者は一つの制度（国民教育省）を前に、グローバル化した文脈において、ますますバイリンガルや複言語話者（プルリリンガル）になるのだが、抜本的な制度改革にいたらない。なお、幼稚園と小学校の教師こそがさまざまな改革の主導をとり、教育活動の中心にあって、発達のあらゆる局面を通じて子どもの関心を維持する必要がある[*53]」と考えています。

バイリンガリズムを励ます学校

実際のところ、複数言語やバイリンガリズムを振興する多くの方法は存在し、多数派言語の子どもたちは第二言語を習得したり、他の言語を持って生まれた子どもたちは出身言語を維持しながらその国の言語を学んでいます。このような学習の準備の中には、「言語への目覚め教育」があります。[*54] これは複言語教育学の一部で、これにより子どもたちは多くの種類の言語やその機能、使用に親しみ、その後になって多くの言語を学ぶ意欲を起こすのです。さらなる利点は、すでに一つの言語を知っており、それを話し、その知識をわかりやすく説明できる子どもたちを高く評価することになる点です。

伝統的な言語教育は学校のカリキュラムの中でも支配的な方法にとどまり、これはモノリンガルの子どもをバイリンガルに変化させるものではありません。第二言語の授業を何年も受けた子どもたちが、どれほど日々の生活で第二言語を流暢に使えるでしょうか。しかしながら、これは言語についてしっかりとした基礎を与えるもので、その後に子どもや大人がその言語を使わなければならない時に、その基礎は発展し、実践されるのです。このような教授法は、外国語や地域語に対しても実践されていますが、かなり形式的で面白くないこともあり、しばしば言語使用の実態から切り離されています。しかし、従来の教授法は文法や語彙の知識を提供し、それにもとづいて必要とあらば、文を構築することをめざすものです。言語教師は時に大人数クラスで、週に数時間だけが使えるという条件のもとに賞賛に値する努力を払い、担当の言語と文化を同時に提示するのです。多くの教師はますます視聴覚教材やＩＣＴ教材、多様な習得方略、さまざまな相互作用を生かしたアプローチを用いるようになっています。このような教育は数十年前から存在しており、これからも長い間続くと思います。

バイリンガルの子どもたちは学校で教えている言語を少なくとも部分的には分かっていることから、このような学習に適応するのは時に容易ではありません。これについては私にも経験があります。私はフランス出身であったにもかかわらず、子どもの頃にイギリスでフランス語の授業を受けたのです。子どもたちは規範概念、文体のレベル、明瞭な文法規則、特殊な語彙、そして、多くの場合、書きことばを発見します。彼らは身につけている何らかのことを忘れ、自然なコミュニケーションではなく、言語知識のテストにあたっては、時にモノリンガルの友人の方が彼らよりも成績が良いことを受け入れなければなりません。フランスの「出身の言語・文化教育」[*55]のように、異なる言語環境出身の子どもたちのために、学校が出身の言語教育を提供することもあります。国民教育省のサイトを見ると、[*56]これはEU基準を踏襲したもので、「普通教育と連携して、子どもたちのために、出身国の母語と文化の教育を促進することが重要である」とあり、現実離れをしたものであると考えられています。「家庭環境で話しことばを構造化する。他の文化出身の若者の個性の開花を促進する。学校では、言語の多様化を評価する」といった明確な目標が続きます。しかし、もう少し細かく調べると、提供される言語数は非常に限られており（フランスでは九言語）、この教育を受けている移民の子どもたちの割合はごくわずかです。これに加え、普通課程の中にすべての授業を統合するという問題（他の重要な授業や魅力的な授業との重複が多すぎるのです）もあり、またこれらの授業を受けなくてはならない何人かの生徒はゲットーに集められているといった感情を持ったり、さらにまたそこではあまりにも旧弊な教授法が使われることもあるのです。もっとも、これらのいくつかの課題は、さまざまな団体や機関（領事館や礼拝所）によって主に土曜日に提供される少数派言語の授業でも見られることです。それはさておき、このような教育が利用できることは、すでに建設的な考え方であり、いく人かの子どもたちが、少数派言語の知識を改善するのではないにせよ、維持する上では役立ちます。

バイリンガル教育を検討することにより、学校での積極的なバイリンガリズムを実際に考えてみましょう。この分野のすぐれた専門家の一人、ジム・カミンズは、二言語あるいはそれ以上の学習言語を使用するのはまさに組織化され、計画的なプログラムが必要だと主張しています。[*57] カミンズによれば、バイリンガル・プログラムの主な特徴とは、言語は教育の対象であるというよりも、教育の媒体であることです。カミンズは外国語か、少数派言語や、または地域語の保持や回復をのぞんでいるのかもしれません。このようなイマージョン教育は就学期間を通じていつでも行なえるもので、昨今ではブームとなっていますが、その起源を二〇世紀のケベック州サン＝ランベールに求めることができます。そこでは、英語話者の親たちが、フランス語の旧弊な教育に不満をもち、フランス語話者の教員たちと協力してイマージョン・プログラムを設置したのです。英語話者の子どもたちは、幼稚園でさまざまな活動をフランス語で行い、必要とあらば、英語を話すこともできました。その後の小学校でのやりとりではなるべく英語を使わないようにさせますが、小学校最終学年の六年生になって、英語とフランス語の授業が同じ時間数行われるまでは、英語が少しあらわれていました。

イマージョン・プログラムの結果は非常に良好なものでした。イマージョンでの子どもたちは、統制グループに対して、まったく遅れを示しておらず、子どもたちのフランス語レベルは従来のカリキュラムを受講する同年齢の子どもたちよりも優秀でした。また、知能テストの結果は両方のグループで変わりませんでした。現在にいたるまでこれらのプログラムの大半に見られる唯一の欠点とは、子どもたちはこのように学んだ言語を学校外でほんの少ししか使用しないことです。

イマージョン教育は言語を教えると同時に、教科内容を強調し、また新しく学ぶ言語が教室での活動と関連していることから、非常に魅力的なものになるのです。現在では、世界の多くの国で、早期イマージョン教育、後期イマージョン教育、部分的イマージョン教育、二言語均等イマージョン教育など、さまざまな特徴を持つイマージョン教育が見られます。アメリカではナバホ語やオジブウェー語、ハワイ語を使ったイマージョン教育が、フランスでは、とりわけブルトン語やバスク語、アルザス語、オクシタン語、タヒチ語といった地域語を使ったイマージョン教育が行なわれています。もちろん、学外での言語使用の少なさに加えて、取り組まなければならないいくつかの欠点もあります。これらのコースは隠れたエリート・コースであり、勉強の負担もとても重いと主張する人々もいます。また、特に親たちにとって、自分たちの理解できない言語によるイマージョン教育を受ける子どもを持つことは容易ではありません。というのも、自分たちの子どもを指導したり、宿題を手伝ったりできないからです。さらにまた、イマージョン教育で提供される言語の選択肢は十分に広くないと思う人々もいます。ロラン・ガジョ、ジャン＝マルク・ラッシャーとセシリア・セラが検証したように、これらのコースの評価はデリケートな問題です[*58]。

ジム・カミンズは、イマージョン教育を受ける生徒が強い立場にある言語グループ出身の時には、「二言語による教育は教育を豊かにするものと考えられ、言語をさらに教え、生徒の文化資本を高めるのにより効果的な方法として認識される[*59]」と強調します。反対に、少数派言語出身の移民の子どもたちがこのようなコースを受講できることに、しばしば反対する人がいるとカミンズは指摘しています。カミンズによれば、このような子どもたちは、多数派言語を流暢に話し、読み書きができるよう学習して、学校で成功しなければならず、そのために多数派言語に最も長い時間さらされなければならないと主張する人もいるのです。しかしながら、このようなコースがこれらの生徒たちに対して、うまく用いられたと証明するものは何もないのです。そもそも、二言語コースという一種のイマージョン教育は、反対のことを示しているようです。このような教育の場合、クラスの半数は多数派言語グループの子どもたちで、もう半数は少数派言語の子どもたちで編成されています。たとえば、アメリカのケンブリッジにあるアミーゴ小学校では、半数の子どもの第一言語は英語で、もう半数の子どもの第一言語は少数派言語のスペイン語です。「この小学校に併設されている」幼稚園では、子どもたちは「一週間のうちで」二日半を英語のクラスで過ごし、残りの時間をスペイン語のクラスで過ごします。もっと大きくなると、それぞれのクラスの時間は一週間ずつになり、学年の終わりになると子どもたちは毎日英語とスペイン語にさらされるのです。もちろん、教室外で、二つの言語をいつでも使うこともできます。このようなイマージョン教育は、バイリンガリズムとバイリテラシー（二言語による読み書き能力）、二つの文化の接触を奨励するものです。さらに、このようなコースでの卓越した面とは、ある言語の母語話者が非母語話者を助け、しかもそれが双方向的に働くことなのです。これは、教育環境でのとりわけ素晴らしい言語横断型の協力ではないでしょうか。

二言語コースは年少の子どもたちだけに向けられたものでしょうか。まったくそうではありません。スイスのビエンヌ市で行なわれているバイリンガル教育の「免状」（「スイスの」バカロレア）

の取得にあたっての高校での三年間を例にとりましょう。[*60] ドイツ語話者とフランス語話者の高校生が同じクラスでバカロレアの準備をします。そこでの教育は、言語教育以外の科目の約半数がドイツ語で行なわれ、その他の科目はフランス語で行なわれ、外国語教育は目標言語で行なわれます。教科の教育言語は三年間の教育期間では変わらず、試験はその言語で受けます。新入生を助けるために、ある教科で第二言語が使用されれば、補習授業は第二言語で提供されます。その後に翻訳によることはいつでもできるのです。自習日や課外活動の日（スポーツやキャンプ、コンサートなど）は、高校生たちが出会い、バイリンガリズムを実践する機会となります。要するに、それぞれの生徒はその科目の言語が第一言語ではない友人を励ましたり、助けるように導かれているのです。この役割は科目によって変わり、その結果、時には助けられる立場になったり、助ける立場になったりします。学校でバイリンガリズムを励まし、維持するのに、これにまさるよい方法を想像することはできません。

注

1 Pearson B. Z. et Fernández S., "Patterns of interaction in the lexical growth in two languages of bilingual infants and toddlers", *Language Learning*, 44, 1994, pp. 617-653.

2 ここでは伝統的な教授法に従って、学校で言語を学ぶ多くの子どもたちについては言及しません。このような教科教育を受けた場合、何人かの子どもたちは、その後の別の環境で、この言語によるコミュニケーションの必要性が感じられた時に、言語知識を深めたり、バイリンガルになるでしょう。

3 作家で詩人、初のアジア出身のアカデミー・フランセーズ会員であるフランソワ・チャンは一九四八年にフランスに到着したときまったくフランス語を知らなかったこと、そしてその後にバイリンガルになったことを語っています。Cheng F., « Le cas du chinois », in Bennani J. *et al.*, *Du bilinguisme*, Denoël, 1985, pp. 227–235.

4 ここで、本書第1章で紹介したファビエンヌ・ルコントの例にもう一度触れましょう。そこでルコントは実に自然に五、六言語を習得するに至るサハラ砂漠以南のアフリカの子どもたちに言及しています。

5 自著 *Life with Two Languages: An Introduction to Bilingualism*, Cambridge, MA, Harvard University Press, 1982, p. 177. での例を記載します。

6 Burling R., "Language development of a Garo and English speaking child", in Hatch E. (éd.), *Second Language Acquisition*, Rowley, Mass., Newbury House, 1978.

7 Abdelilah-Bauer B., *Guide à l'usage des parents d'enfants bilingues*, La Découverte, 2012, p. 167.

8 Kuhl P., Tsao F.-M. et Liu H.-M., "Foreign-language experience in infancy: Effects of short-term exposure and social interaction on phonetic learning", *Proceedings of the National Academy of Sciences of the United States of America*, 100(15), 2003, pp. 9096–9101.

9 Ronjat J., *Le développement du langage observé chez un enfant bilingue*, Honoré Champion, 1913, p. 3.

10 諸理論の議論については、とりわけ以下を参照のこと。Yip V., "Simultaneous language acquisition", in Grosjean F. et Li P. (éds), *The Psycholinguistics of Bilingualism*, Malden, MA & Oxford, Wiley-Blackwell, 2013, pp. 119–144.

11 Bentahila A. et Davies E., *o.p.*, 1995.

12 Wong Fillmore L., "Second-language learning in children: A model of language learning in context", in Bialystok E. (éd.), *Language Processing in Bilingual Children*, Cambridge University Press, 1991, pp. 49–69.

13 Grosjean F., *o.p.*, 2010, pp. 187–190.

14 Deprez C., *o.p.*, pp. 143–149（シリルは本書でマルクと呼ばれている）。

15 Cummins J., “BICS and CALP: Empirical and theoretical status of the distinction”, in Street B. et Hornberger N.（éds.）, *Encyclopedia of Language and Education, vol. 2: Literacy*, New York, Springer Science, 2008, pp. 71–83.

16 Kinzel P., *Lexical and Grammatical Interference in the Speech of a Bilingual Child*, Seattle, University of Washington Press, 1964.

17 Fantini A., “Bilingual behavior and social cues: Case studies of two bilingual children”, in M. Paradis（éd.）, *Aspects of Bilingualism*, Columbia, S.C., Hornbeam, 1978, pp. 283–301.

18 Lanza E., *Language Mixing in Infant Bilingualism: A Sociolinguistic Perspective*, Oxford University Press, 2004.

19 Deprez C., *o.p.*, p. 181.

20 私は “traduction”［日本語では翻訳、通訳両方の解釈がある］という用語を、書きことばである言語から他の言語に移すこととしています。

21 Harris B. et Sherwood B., “Translating as an innate skill”, in Gerver D. et Sinaiko H. W.（éds.）, *Language Interpretation and Communication*, New York, Plenum, 1978, pp. 155–170.

22 Valdés G., *Expanding Definitions of Giftedness: The Case of Young Interpreters from Immigrant Communities*, Mahwah, N. J., Lawrence Erlbaum, 2003.

23 Gentilhomme Y., « Expérience autobiographique d’un sujet bilingue russe-français : Prolégomènes théoriques »、第三回言語接触国際学会での発表、ユストゥス・リービッヒ大学、ギーセン、ドイツ、一九八〇年。

24 これらのアプローチは子どものバイリンガリズムについての多くの文献で明示されているもので、専門ウェブサイトに載せられています。

25 De Houwer A., “Parental language input patterns and children’s bilingual use”, *Applied Psycho-*

linguistics, 28, 2007, pp. 411–424.

26 Deprez C., *o.p.*, pp. 76–77.

27 Abdelilah-Bauer B., *o.p.*, pp. 74–75.

28 Rodriguez R., « Souvenirs d'une enfance bilingue », *Communications*, 43, 1986, p. 228, ナンシー・ヒューストンによる英語からの翻訳 . DOI 10.3406/comm.1986.1649.

29 Todd O., *Carte d'identités*, *o.p.*, p. 23.（『IDカード』）

30 Caldas S. et Caron-Caldas S., "A sociolinguistic analysis of the language preferences of adolescent bilinguals: Shifting allegiances and developing identities", *Applied Linguistics*, 23, 2002, pp. 490–514.

31 Bensekhar-Bennabi M., « La bilingualité des enfants de migrants face aux enjeux de la transmission familiale », *Enfances & Psy*, 47(2), 2010, pp. 55–65. DOI 10.3917/ep.047.0055.

32 Couëtoux-Jungman F., Wendland J., Aidane E., Rabain D., Plaza M. et Lécuye R., « Bilinguisme, plurilinguisme et petite enfance », *Devenir*, 22(4), 2010, pp. 293–307. DOI 10.3917/dev.104.0293.

33 Rezzoug D., Plaën S. de, Bensekhar-Bennabi M. et Moro M. R., « Bilinguisme chez les enfants de migrants, mythes et réalités », *Le Français aujourd'hui*, 158(3), 2007, pp. 58–65. DOI 10.3917/lfa.158.0058.

34 Bensekhar-Bennabi M., *o.p.*, p. 61.

35 Rezzoug D., Plaën S. de, Bensekhar-Bennabi M. et Moro M. R., *o.p.*

36 Rodriguez R., *o.p.*, pp. 234–235, ナンシー・ヒューストンによる英語からの翻訳。

37 Deprez C., *o.p.*, pp. 41–59.

38 De Houwer A., "Trilingual input and children's language use in trilingual families in Flanders", in C. Hoffmann et Ytsma J. (éds.), *Trilingualism in the Individual, Family and Society*, Clevedon, Multilingual Matters, 2004, pp. 118–138.

39 Paradis J., Crago M. et Bélanger C., « Le développement langagier bilingue chez les enfants:

incidence sur l'évaluation du trouble primaire du langage », *Fréquences*, 17, 3, 2005, pp. 27–30.

40 Kohl M., Beauquier-Maccota B., Bourgeois M., Clouard C., Dondé S., Mosser A., Pinot P., Rittori G., Vaivre-Douret L., Golse B. et Robel L., « Bilinguisme et troubles du langage chez l'enfant : étude rétrospective », *La psychiatrie de l'enfant*, 51(2), 2008, pp. 577–595. DOI 10.3917/psye.512.0577.

41 たとえば以下を参照。Bunta F. et Douglas M., "The effects of dual-language support on the language skills of bilingual children with hearing loss who use listening devices relative to their monolingual peers", *Language, Speech, and Hearing Services in Schools*, 44, 2013, pp. 281–290. 本研究は、補聴器や人工内耳を使用し、バイリンガル・プログラムを受けている難聴の子どもたちもまた、モノリンガル・プログラムを受けている同様の難聴の子どもたちと同じくらいの言語能力基準に達することを示すものです。ですから、これらの子どもたちにバイリンガル教育を思いとどまらせる理由はまったくありません。

42 Marinova-Todd S., Marshall D. B. et Snow C., "Three misconceptions about age and L2 learning", *TESOL Quarterly*, 34(1), 2000, pp. 9–34.

43 この点については、Abdelilah-Bauer B., 前掲書を参照のこと。

44 www.cafebilingue.com

45 ［訳注］モントリオールはフランス語だけを公用語とするケベック州にある都市だが、人口の六五％がフランス語を、一三％が英語を、一％がフランス語と英語両方を、二一％がそのほかの言語を第一言語としている。

46 Rodriguez R., *o.p.*, p. 232, ナンシー・ヒューストンによる英語からの翻訳。

47 Moro M. R., *Nos enfants demain*, Odile Jacob, 2010, p. 94.

48 Gonac'h J. et Leconte F., « Les contacts de langues chez les jeunes d'origine turque en France », *Langues et cité*, 16, 5, 2010.

49 Auffret-Pericone M., « Marie Rose Moro, au chevet des adolescents », *La Croix*, 4 février 2011.

50 Tabouret-Keller A., *Le Bilinguisme en procès, cent ans d'errance* (1840–1940), Limoges, Lambert-Lucas, 2011, p. 59.

51 Martel P., « L'école et les langues régionales, aperçu historique », *Les Langues modernes*, 104, 4, pp. 13–20, 2010, p. 13.

52 Hélot C., « De la notion d'écart à la notion de continuum, Comment analyser le caractère inégalitaire du bilinguisme en contexte scolaire ? », in Hélot C., Hoffmann E., Scheidhauer M.-L. et Young A., *Écarts de langue, écarts de culture, À l'école de l'Autre*, Francfort, Peter Lang, 2006, p. 3 et 8.

53 ジャクリーヌ・ビリエーズの短いインタビュー（未発表）からの抜粋。

54 とりわけ以下を参照。Candelier M. (dir.), *L'éveil aux langues à l'école primaire*, Bruxelles, De Boeck Supérieur, 2003.

55 ［訳注］ＥＬＣＯ（Enseignement des langues et cultures d'origine の略）フランス政府は移民の帰国を念頭に置き、一九七三年より移民の子どもを対象に出身国の言語・文化の教育を実施している。これは、フランス政府が移民の送り出し国（ポルトガル、イタリア、チュニジア、モロッコ、スペイン、旧ユーゴスラビア、トルコ、アルジェリア）と二国協定を結び、移民送り出し国が教員を小学校や中学校に派遣している。

56 Éduscol, 教育関係者国立ポータルサイト。

57 Cummins J., « L'éducation bilingue: qu'avons-nous appris de cinquante ans de recherche ? », in Verandun J., Nocus I. et Salaün M. (dir.), *Actes du colloque « École plurilingue »*, Presses universitaires de Rennes, 2013, p. 2.

58 Gajo L., Luscher J.-M. et Serra C., « Enseignement bilingue et évaluation : réflexions sur la conception de tests de niveaux », *Le français dans le monde, Recherches et applications*, 53, 2012, pp. 126–137.

59 Cummins J., *o.p.*, 2013, p. 3 et 4.

60 ビール［フランス語名はビエンヌ。スイス、ベルン州にあるスイス最大のバイリンガル都市］のフランス語ギムナジウム［中等教育機関］のウェブサイト参照。

第4章　バイリンガリズムのさまざまな側面

バイリンガリズムはさまざまな側面にわたる広い分野で、とりわけバイリンガリズムに関するイメージや、バイリンガリズムが作り出す言語や認知面での効果、バイリンガリズムとバイカルチュラリズムとの関係、バイリンガルの人々、特に卓越したバイリンガルの人々の間に見られる多様性と関連しています。

バイリンガリズムのイメージ

人はみなバイリンガリズムに無関心でいることはできません。モノリンガルであれ、バイリンガルであれ、バイリンガルの子どもを持つ親であれ、そうでなくとも、教師や言語聴覚士、カウンセラーもしくは医者、研究者、作家、あるいはそれ以外の人々もみな、バイリンガルであることの意味について、またバイリンガリズムの長所や短所について何らかの考えを持っています。またこの分野では、過去のイメージが二一世紀になっても続いているものもあるのです。

これまでのイメージ

アンドレ・タブレ゠ケレールは実に興味深い著書の中で、バイリンガリズムの問題を取り囲む政治的、イデオロギー的、経済的、象徴的な課題を強調し、バイリンガリズムの有害性といった誤解がどのように広まったのかを解説しています。そのような誤解は、一九世紀から二〇世紀の暗黒時代とも言える約一〇〇年間にわたり存在していたのでした[*1]。スコットランドの教育学者・哲学者であり、教育に関する数多くの本の著者でもあるシモン・ローリー（1829–1909）は、この誤った考え方を提唱した中心人物で、一八九〇年に次のように述べています。「ある子どもが、もし二言語を同時に使って生活してきたのであれば、それは残念なことだ。知的精神的成長は二倍になるのではなく、半減してしまう。このような状況で、統一した精神と性格が確立されることは難しい。ことばが生きたものであるためには、ことばが生活の中に根付いていなければならず、私たちの生活は二つあるのではなく一つでしかありえない。そのため、一つの言語しか持つことができない[*2]」。

統一された強固な国語を持つ国民国家が理想とされていた時代では、多くの研究者や著者がモノリンガリズムを推奨し、バイリンガリズムを批判するこのような立場に共感しました。たとえばデンマーク出身の偉大な言語学者であるオットー・イェスペルセン（1860–1943）は、母語であるデンマーク語に加えて英語とフランス語を操ることができましたが、大戦間期に次のように書き記しています。「子どもはまるで一言語の知識に限られているためか、二言語を習得することはできない。［……］バイリンガルの子どもはおそらく、一言語ではなく、二言語を習得するために必要とされる脳の力のために、他に学んだり、学ばなければならないことを習得できる可能性が低くなってしまう」。イェスペルセンは、自身がバイリンガルであるにもかかわらずバイリンガリズムに対して悲観的で、次のような疑問も投げかけています。「大きくなってからことばを使う素晴らしいアーティスト、詩人、演説家になるようなバイリンガルの子どもはいるのだろうか？」[*3]

小児科医であり、精神分析者、言語学者であるエドゥアール・ピション（1890-1940）は、『子どもの心的発達』という本を書き、多大な影響を与えましたが、バイリンガリズムに否定的な人々に対して次のような論拠を与えています。「バイリンガリズムは心理的に劣位にある。（……）バイリンガリズムによって生じる悪影響は次のように説明できる。一つは、第二言語を習得する労力のために、他の知識を獲得するために費やされる知的エネルギーが減るように思われる。（……）とりわけ、もう一点は異なる思考システムの間で揺れていると子どもが感じるという点である（……）。ローリーが述べるように、知的成長は二倍になるのではなく、半減されるのだ[*4]」。要するに、子どもの知的エネルギーは固定されており、第二言語の習得にかかるエネルギーは第一言語の習得に必要なエネルギーを奪うもので、また成長の過程で習得しなければならない他の科目のエネルギーをも奪うことになります。

このように暗黒時代に主張されていた観点に加えて、バイリンガリズムはエリートに限定されるべきであるという点や、バイリンガリズムは国語や国民文化にとって危険なものであるという観点もあります。大戦期のカナダ人作家であるアルチュール・ロランドー（1912-1968）とエチエンヌ・ロバンはそれぞれ以下のように書いています。「知的エリートのみが本当のバイリンガルになることができる（……）。広く詳細な確固たる教養を持っている人のみが本物のバイリンガルとなる」[*5]。「このバイリンガリズムは、私たちの国家を退廃へと決定的に追い込む。このバイリンガリズムは私たちのフランス系精神の敵であり、私たちを衰退させるものだ。私たちの言語習得の機会を取り上げ、フランス系文化が保持する恩恵を享受できないようにするものだ」[*6]。

現在のイメージ

暗黒時代以降、多くの変化が起こり、今では国語、地域語、外国語といった言語知識も、文化や社会、経済に必要なものの一部となっています。しかし、バイリンガリズムのイメージについても事情は同じでしょうか。幼少期の子どもが持っているという知的エネルギーに関する議論は、語調が和らいだものの、いまだに残っています。たとえばアンドレ・タブレ＝ケレールは、子どもに第二言語を習得させる前に母語が定着するのを待つべきであると強調しています[*7]。さらに、しばしばこんなことを耳にすることもあります。「なぜフランス語もできないのに第二言語を学ばないといけないのか?」ヴァル・ド・マルヌ県の代議士であるジャック＝アラン・ベニスティは、報告書『二〇〇四年度犯罪防止対策について』でこの点を強調し、そして困難だと思われる場合には、バイリンガルの子どもは外国語を学ぶ前にフランス語をマスターすべきであると明記しています。さらに、もし子どもが外国出身であれば、両親、とりわけ母親が家庭でフランス語を話し、子どもたちが自分の意見をフランス語で伝えるように慣らすべきだと記しています。[8]

このような点に関して、子どものバイリンガリズムの正当性を取り巻く曖昧な点に注目してみたいと思います。中流階級もしくは裕福な家庭において、地域語、もしくは特に英語のような外国語とのバイリンガリズムは好意的に捉えられており、子どもを育てるすべての人から支持されています。しかし、主に移民などのより恵まれていない階級の家庭において、フランス語とトルコ語、フランス語とアラビア語、フランス語とウォロフ語などのバイリンガリズムは好意的に評価されていません。「現在、フランスでは小学校における早期外国語教育は好意的に捉えられているが、『経済』移民の子どもの場合、バイリンガルであることは欠点とされてしまう」[9]と精神科医のマリー＝ローズ・モロは述べています。

少なくとも教師や心理学者そして精神科医は、ローリーやピションの時代からバイリンガリズムに対する考え方を変えて、バイリンガリズムはモノリンガリズムと同じように一般的な言語現象であり、子どもに害を及ぼさないものであるという考えを受け入れているのでしょうか。クリスティーヌ・ドプレによれば、私たちはまだその段階まで至っていないようで、残念なことに完全なモノリンガルの学校の教師の中には、バイリンガリズムは「ハンディキャップ」であると考えている人がいます。また心理学者や精神科医の中にも、バイリンガリズムによって引き起こされるアイデンティティの混乱や欠如、そして言語障害のリスクを唱える人がいます。また、モノリンガルの子どもと比較してバイリンガルの子どもは、場合によって言語の遅れがあるかどうか、次の点に注意しなければならないとドプレは指摘しています。それは、世界の人口の約半数がバイリンガルや複言語話者である一方で、言語規範を作るのはモノリンガルである点です。また、この規範によれば、バイリンガリズムは障害や混乱の源なのです[*10]。

繰り返しになりますが、バイリンガリズムは言語の遅れや言語障害を引き起こすものではありません。マリー＝ローズ・モロはとりわけこの点について断言しています。「今日、経験からみても先行研究からみても、バイリンガルの子どもに言語障害が多く見られると言えない。同様にバイリンガルの子どもに言語発達障害の子どもが多く見られるとも言えないのだ[*11]」。そして、「母語が正しく伝承され、はじめのうちはフランス語を第二言語として考えられていれば、バイリンガリズムは素晴らしい武器となる[*12]」と述べています。

バイリンガルであれば、子どもの頃に習得した二言語を完璧に、そしてなまりもなく操ることができると考えている人がいると、本書のはじめで述べました。ところが、実際にはこのような人はほとんどいません。しかしクロード・アジェージュはこのような神話を支持し、「言語の混乱を避けるのに十分な二つの言語規範を携えている真のバイリンガルは存在する」と主張します[*13]。実際には、第2章で見たように、言語干渉が静的であれ動的であれ、どのようなバイリンガルであっても言語干渉を免れることはできません。ナンシー・ヒューストンでさえ、真のバイリンガルとは子どもの頃から二言語を完璧に習得し、どんな精神状態であれそれぞれの言語に切り替えることのできる人であると考えています……[*14]。

借用したり、コード・スイッチングを用いることは「わけのわからないことば」、「交雑」、「ピジン」、「ごたまぜ」にあたると考える人もいます。しかし一方で借用やコード・スイッチングのメカニズムは、言語方略やコミュニケーション方略にあたるもので、言語上の制約に縛られており、たいていの場合、バイリンガルの言語使用モードに限定されています。もちろん数はますます少なくなりますが、バイリンガリズムを擁護する言語学者の一部にも、バイリンガル・スピーチに言及すると「複言語によるブリコラージュ［ありあわせの素材などを使って問題を解決する手法］」や「言語によるブリコラージュ」を連想する人もいます。バイリンガル・スピーチによる談話を目の当たりにしても、その話者をバイリンガルであると断定するのにためらう言語学者もいます。フランスで一般大衆によく知られている言語学者を私用で訪ねた時、私はその言語学者に自分の研究の話をしたり、フランス語と英語のバイリンガリズムについて話をしました。驚くべきことに、数分後、その学者は基盤言語を代えて、英語で私に話し始めました。私たち二人ともフランス語母語話者であるので驚きはしましたが、礼儀の上からも、英語で続けることにしました。数分後、彼は「あなたは、本当のバイリンガルですね」と認めたのです。彼は私と同様に、「本当のバイリンガル」という概念が神話であることを知っていたのですが、それにもかかわらず彼は私が「本物のバイリンガル」であるかどうかのテストをしたのです。しかし、日常生活で、二つ以上の言語や方言を定期的に使用する人はみな、バイリンガルなのです。

少数派言語やバイリンガリズム、そしてバイリンガル・スピーチに対するこのような否定的な態度を、バイリンガルの人々は心の中で悩んでいたり、時には反対にバイリンガルであることを誇張しています。ベルナール・ピやローラン・ガジョ[*15]が強調するように、バイリンガルであると認めるのをためらう人もいれば、「バイリンガルだけども……」とか「完璧なバイリンガルではない」という人もいます。バイリンガルの人々は、自分の言語能力に対する価値を過小評価するとクリスティーヌ・ドプレは指摘しています。つまり、バイリンガルは自身の言語能力を低く評価するだけでなく、自分の言語や発言を拒否することもあるのです[*16]。私は数十年前から、バイリンガリズムとはどういうものか、またバイリンガルがそのようなものとして自分自身を受け入れられるようにと、書籍や、論文、ブログといった著述を通して戦ってきました。二〇一三年の夏にスイスの新聞『レクスプレス』は私のインタビューを掲載し、バイリンガルをこのように受け入れること、またそれが何を含むものかを十分に理解し、その記事に「知られざるバイリンガル」とタイトルをつけました。

バイリンガルのイメージはすべて否定的なものばかりなのでしょうか。そうではありません。現在、バイリンガリズムに対して、特に早期バイリンガリズムに対して熱いまなざしが注がれています。今日、バイリンガル教育を支持する団体は、ウェブページと同じくらい数多く存在します。親に向けた著作の多くは、二言語で子どもを育てる方法についてのアドバイスを記しています。また、社会心理学者のバルバラ・アブデリア＝ボエールは、フランスでのフランス語以外の母語継承の難しさや継承がうまくいく条件、また外国語や地域語の早期学習について分析をした本を出版しました。アブデリア＝ボエールは、バイリンガリズムの利点や、今日この現象に関わる肯定的なイメージについて、次のように多くの事例を紹介しています。バイリンガリズムのおかげで、私たちは異なる言語で相手に自分のことを理解させたり、説明することができます。またより多くの情報を入手できるようになります。同じ事柄をさまざまな方法で説明することもできます。他の文化を直接に理解することができるようになるため、世界を説明するための別のやり方をとることができます。対立を解決するための仲介もできるようになります。バイリンガリズムは自民族中心主義に対抗する手段にもなります。ある種の認知能力やメタ言語能力を発展させます。陳腐ではない考え方ができるようになります。第一言語での読解力を高めたり、第三言語や第四言語の学習も容易になります。[*17] バイリンガリズムの効果に関する実証研究を検討する際に、これらのいくつかの長所に立ち戻ることとします。

フランス語圏の多くの若い親の愛読書に、ロランス・ペルヌの『子どもを育てる』が挙げられますが、このようにたいへんに広く読まれている本の中にも、バイリンガリズムに対して多くの肯定的な側面が書かれているものがあります。[*18] その本の最新版は三ページにわたってバイリンガリズムについて触れており、バイリンガリズムのイメージに関して根本的に大きな変化が起こったことがわかります。子どもが居住地の言語をできるだけ早く習得できるようにと、両親の中には自分の第一言語を話すのをやめる人もいますが、ペルヌによれば、実際に子どもは第一言語を聞き、話すのを止めません。このようにして、子どもは第二言語へと転移できる知識を獲得し、第二言語をよりたやすく習得することができるのです。また、すべての人が子どもの出身言語を有力な手段として認めること、特に学校がそのように認めることの重要性をペルヌは強調しています。また子どもは、周りの人たちとコミュニケーションをとるために、必要なだけの言語を習得します（つまり、必要性の論拠がここで強調されるのです）。バイリンガルの子どもの言語活動にみられる「ごちゃ混ぜ」は、初期段階ではあたりまえのことなのです。これは、精神の混乱の結果ではありません。バイリンガルの子どもが持つさまざまな言語に対応する語彙は、それぞれ同じものではありません。これは、当然なことです。なぜなら、バイリンガルの子どもはそれぞれの語彙を異なる状況で習得するからです。これは、本書で何度も言及してきた相補性の原理と一致しています。最後に、ペルヌは、早期バイリンガリズムは言語の遅れをもたらすものではないと断言しています。

上記のような一般書にこのような話題がのぼるまでには、さまざまな研究や、専門家だけでなく一般に向けた多くの論文が書かれ発表が行われ、何百回にもおよぶ討論やパネルディスカッションが行なわれ、地道な行政上の手続きが何十年にもわたって行われてきました。そして特にバイリンガリズムの正当性を訴えてきた人々には多くのエネルギーや忍耐心、粘り強さが求められてきたのです。バイリンガリズムの正当性を訴えてきたのは、両親や心理学者、教育者、発音矯正士、研究者、政治家などでした。確かに多くの課題は残っていますが、このような人々はこれまでたどってきた道程に誇りを持っているに違いありません。

バイリンガル話者はバイリンガリズムをどのように考えているか

バイリンガルの人に向かって、バイリンガリズムをどう思うかと尋ねたことは残念なことにほとんどありません。これまで述べたバイリンガルのイメージの一部は、モノリンガルの人が伝えてきたものなのです。これから二つの調査研究を紹介します。一つはヴェロボイ・ヴィルドメック[*19]が暗黒時代の最後に行った研究で、もう一つは私自身がその二〇年後に行った研究です[*20]。ヴィルドメックの調査はヨーロッパで行われました。私の調査はアメリカで行われましたが、アメリカ市民だけでなく、多くの移民の第一世代をも対象としています。バイリンガリズムの短所についてたずねたところ、五二％のバイリンガルと六七％のトライリンガルは「まったくない」と答えました。それ以外の回答で一番多かったのは、多数派言語ではない言語に関する点でした。それらの言語話者は、言語交替や借用を強いられることがあるからです。さらに、どちらの言語も知らないかのように思う人もいれば、時には通訳をしなければならないことに不満を持つ人、二つの文化グループに属していることで、いずれのグループにも属しているように感じられない、あるいは葛藤を抱えているといった文化面を強調する人もいました。

ヴィルドメックは、バイリンガルの人は特に疲れている時や怒っている時、ナーバスな時、もしくは心配している時などに言語干渉が起こるという点を短所として指摘しています。また、旅行の時や、通常は他の言語によってカバーされている分野について話さなければならない時（相補性の原理の一例）のように、急に基盤言語を交替することに困難を覚える人もいました。他に挙げられた短所としては、長年の間モノリンガル・モードでいることの難しさ、翻訳しなければならない手間、異なる言語話者がいる時の言語選択の難しさなどがありました。また、特に偏見を持たれている言語の場合、もう一つの言語にそのなまりが現れるのを嫌う人もいました。

それらの欠点は、時には悲劇的なものとなることもあります。ヴィルドメックは、調査参加者のうちの一人で、第二次世界大戦中にドイツ占領軍によって尋問されたことのある人が語ったケースを引用しています。ドイツ語を話すと申告した人は、バイリンガルであることから強制収容所に送るべく、他の人々から引き離されました。ドイツ人は、これらのバイリンガルたちを潜在的なスパイであるとみなしたのでした。

　この二つの調査から以下の重要な点がわかりました。回答したすべてのバイリンガルは例外なく、バイリンガルであることに利点があると感じており、不便を感じている人の方がはるかに少なかったのです。大部分は、異なる言語や異なる文化を持つ人々とコミュニケーションをとることができることに価値を認めています。他にも、バイリンガリズムは人生に二つの観点をもたらすという意見や、バイリンガリズムは開かれた知性を励ますという意見、仕事の可能性を広げるという意見、また原書で外国文学を読むことができるという意見もありました。また、いくつかの国にいても自国のように感じること、通訳を介することなく直接に会話することができること、そして彼らの保持している言語のうちの一つしか話せない人々を助ける心つもりがつねにあることを挙げたバイリンガルもいました。さらに別のバイリンガルは、自分の言語に対して距離感を持てることや、それぞれの言語の論理を発見できることを長所として挙げていました。

　重大になりうる短所とならんで、注目すべき長所も調査から明らかになりました。ベンガル語とウルドゥー語、英語のトライリンガルである一人の実験参加者は、一九七一年のバングラデッシュ独立戦争の間の出来事を語りました。彼は、バングラデッシュで独立反対派であったパキスタン軍によって捕らえられましたが、ウルドゥー語が話せ、さらにアラビア語でコーランの数節を暗唱することができたため、死を免れることができたといいます［パキスタンの公用語はウルドゥー語であり、イスラームが主要な宗教であるため、このバングラデッシュ人はパキスタン人と間違えられた］。しかし、このような幸運にめぐまれなかった人々は即座に射殺されてしまったのです。

ヴィルドメックは調査の参加者に対して、複言語能力が話し方や精神機能にどのような影響を与えるのかについて尋ねると、より明確に話すことができると回答した参加者や、語彙や文法がより豊かになる点を挙げた参加者もいました。また、自分たちの言語が他の言語を学習する時に役に立ち、精神の規律や慎重さに良い影響を与え、生活をより批判的にとらえることを挙げた参加者もいました。要するに、二つのアンケートから明らかになった長所とは、子どもにバイリンガル教育をしようと思っている両親に向けた書籍や、バイリンガリズムを奨励するインターネットサイトで見られる内容にとても類似していたのです。確かに潜在的な欠点について言及されることもあるのですが、ここまでに見たように、バイリンガリズムのもたらす不利益のほうがはるかに少ないのです。

バイリンガリズムの種類を分類することの危険性

バイリンガリズムを分類する傾向がありますが、これは危険性を含んでいます。バイリンガリズムには、「等位型」、「複合型」、「従属型」、あるいは「均衡型」、「能動型」、「受動型」、そして「付加型」、「減算型」などが見られます。これらの単純化したレッテルは、バイリンガルという複雑な現象をまったく反映しておらず、その多くに科学的な根拠は存在しません。さらにラベルを貼られた人、特に子どもは、永久にそれらのラベルのまま分類される傾向にあり、そこから悪影響が生じるのです。

ユリエル・ワインライクは二〇世紀に、等位型バイリンガリズム、複合型バイリンガリズム、従属型バイリンガリズムといった理論的な分類を提案しました。[*21] 等位型バイリンガリズムでは、それぞれの言語で単語は別々の意味を持ちます。つまり、《café》は第一の意味を持ち、"coffee"は別の意味を持つというのです。複合型バイリンガリズムでは、《café》と"coffee"は一つの意味しか持ちません。また、従属型バイリンガリズムでは、より知識が少ない言語の単語(ここでは、"coffee"とします)はその意味を得るにあたり、より知識のある言語の単語(《café》)を通して認識されます。この区別は、徐々に等位型バイリンガリズムと複合型バイリンガリズムの二項対立へと向かいました。もはや意味上の次元にもとづく二項対立ではなく、言語の習得方法や使用方法にもとづく二項対立となったのです。その後、この概念の正当性を証明するため、研究室で実験がつぎつぎと行われました。研究が始められてから数年後には、方法論的観点からの批判もありましたが、[*22] この二項対立はまったく心理的な実態にもとづいていないことが明らかになりました。ある単語の意味が異なる言語間で部分的に重なり合っていたり、またまったく異なる場合もあるにもかかわらず、意味が共有されているということを認めないというのは、これは現実的なことではありません。翻訳者であればこの点をためらわずに指摘したでしょう。あいにく、このような区別は長い間行われてきました。また、研究者がもはやこのような区別を行わなくなったとしても、教育や発音矯正などの応用分野ではその区別はいまだに残ったままの場合もあり、しばしばまったく異なる解釈が行われています。

「均衡型バイリンガリズム」という用語は、しばしば「支配的バイリンガリズム」と対立されますが、この用語も研究者によって使用されています。たとえばジョシアヌ・アメルやミシェル・ブランは、二言語で同等な能力を持つバイリンガルを「均衡型バイリンガル」と定義しています[*23]。またコラリー・サンゾンは、もう一つの言語でも同じような言語能力を持ち、どんな状況においても同じように効率よくそれぞれの言語を操れるのが「均衡型バイリンガル」であると主張しています[*24]。しかし、このようなバイリンガルが存在しないことはもう何年も前から知られています。本書の冒頭にも見たように、バイリンガルはさまざまな状況に従って、また多様な人や目的によって、言語を使い分けているのです。つまり、バイリンガルは言語に応じてさまざまな能力を必要とするので、バイリンガリズムが均衡となる可能性は低くなるのです。確かに誰しも、この「理想」に近い卓越したバイリンガルに出会ったことがあるでしょう。しかし、彼らに少し質問をしてみると、彼らもバランスが取れていないことがすぐわかります。特にライティングをみると、彼らは二言語で同じ能力を持っていないことが多々あります。その上、理論的には均衡型バイリンガルに値するはずの通訳者でさえも、自らの言語を二つのカテゴリー（AとB）を有する発信言語と、一つだけのカテゴリー（C）を持つ受信言語に分類するよう注意を払っています。

「能動型バイリンガリズム」と「受動型バイリンガリズム」を区別する人もいます。前者は、二言語以上が能動的に使われているのに対して、後者はそのうちの一つの言語がほとんど発話されることはなく、理解されるだけの場合を指します。このコンテクストにおいて、「受動的」という形容詞がつけられるのはいささか気の毒なことです。なぜなら、リスニングも音の認識や語彙の理解、形態・統語・意味分析、語用処理などといった一連のとても能動的な活動を含んでいるからです。したがって、これらの表現は避けたほうが良いでしょう。

最後に、特に子どもに向けて使用される二項対立について触れたいと思います。この二項対立は「付加型バイリンガリズム」と「減算型バイリンガリズム」です。言語レベルでは、子どもは複数言語を互いに補いあい共に豊かになり、複数言語をバランスよく発達させるか、もしくは一つの言語を犠牲にすることにより、もう一つの言語を発達させるかの二択が考えられます。認知面での発達の観点からみると、付加的バイリンガリズムの場合、複数言語の習得は子どもの認知面での柔軟性やメタ言語能力を促進します。一方、減算的バイリンガリズムではこれらの二つの側面は抑制されてしまいます。二つの概念の境界線ははっきりと定められておらず、その概念は関連する言語に与えられている価値とその言語の話者に与えられる価値の中から生まれているように思われます。一方では、両親や共同体によって言語に高い価値が与えられることがあるでしょう（付加型バイリンガリズム）。もう一方では、ある言語はほかの言語と競合する中でより威厳がある（多数派言語である）ために高い価値が与えられ、別の言語は少数派言語であるために否定的に見なされることもあるでしょう。

言語の社会言語的側面に敏感な人たちは、ある国や地方の言語、方言、言語使用域が、社会的・政治的な理由によってそれぞれ違った価値が与えられているということを知っています。付加型モノリンガリズムや減算型モノリンガリズムに言及するまでもなく、モノリンガルの状況においても、二言語使用や複言語使用の状況においても、このことは事実です。モノリンガルであれバイリンガルであれ、子どもも大人も、言語の発達においてその影響を受けていることでしょう。認知面での発達に関して、どのような言語においても、またどのような言語使用の環境においても、複数言語を習得したり使用することが原因でバイリンガルの子どもたちが認知面で劣っていると結論づけた研究をいまだかつて見たことがありません。ですので、どのバイリンガリズムが付加型で、どのバイリンガリズムが減算型であると分類することは避けたいと思います。二つのケースとも、バイリンガリズムに関わることに変わりないのですから。さまざまな連想を呼び起こすとともに、価値を低下させる「減算型バイリンガリズム」のような用語は、バイリンガルの家庭やバイリンガルの環境において、それが自然に実現すると予言するような効果が引き起こされたり、また教育場面ではピュグマリオン効果［教育心理学で、他人から期待されることによって、学習や作業の成果が上がる現象のこと］を引き起こす可能性が高いと考えられます。ここで問題になるのは、バイリンガリズム自体ではなく、人間が、特に子どもが成長する社会・政治的環境なのです。

バイリンガリズムの効果

バイリンガリズムのイメージは主観的なものに他なりませんし、その分類法は恣意的なものにならざるを得ません。さて二〇世紀前半から、バイリンガリズムに関する言語面ならびに認知面での効果について科学的研究が行われています。そこでその研究が、モノリンガルであれバイリンガルであれ、私たちが抱くバイリンガリズムに関する見解と一致するかどうかを検討してみましょう。

暗黒時代の終わりにあたる一九二〇年代から五〇年代に広く行われた初期の研究では、バイリンガリズムに対してとりわけ否定的な結果が報告されていました。言語発達の分野では、ヴィクター・ケリーが読解テストを行ったところ、アリゾナのバイリンガルの子どもには二・七年の遅れが認められるとの結果が見られました[*25]。数年後に再びアメリカで調査が行われ、ロイド・タイヤマンは、スペイン語と英語のバイリンガルが、読解に必要な英語の語彙の五四パーセントしか持っていないことを確認しました[*26]。また、バイリンガリズム研究の分野ではよく知られているジョン・マクナマラは、アイルランド語で教育を受けているアイルランドの英語話者の子どもは、モノリンガルの教育を受けている子どもよりも、数学では一一カ月の遅れがあることを解明しました[*27]。

同じように、知能や発達のレベルの効果についても、この時期の研究はバイリンガルの子どもに対して好意的ではありません。たとえばダヴィッド・サーは、田舎に住むウェールズ語と英語のバイリンガルの子どもは、モノリンガルの子どもよりもＩＱのスコアが低く、この格差は七歳から一一歳の間に広がることを検証しました[*28]。それから二〇年以上あとになって、同じくウェールズでＷ・ジョーンズとＷ・スチュワートがこの結果を追認しました。というのも、言語知能テストと非言語知能テストにおいて、バイリンガルはモノリンガルよりもスコアが低かったからです[*29]。

一九六〇年代からは、逆にバイリンガルの子どもに好意的な研究結果が報告されるようになりました。カナダで行われた研究がこの当時の事例としてしばしば挙げられます。エリザベス・ピールとワランス・ランベールは、モントリオールにあるフランス語話者用の六つの学校出身の子どもに関する大規模調査を行い、フランス語と英語のバイリンガルとモノリンガルの比較を行いました[*30]。この研究のなかで言語ＩＱテストと非言語ＩＱテストにおいて、バイリンガルの子どもはモノリンガルの子どもよりもすぐれたスコアを獲得しました。さらに、バイリンガルの子どもは、より精神が柔軟で、創造力も旺盛で、拡散的思考力［あらゆる方向へ拡散し、その中から最良の解決を見出す創造的思考の特徴の一つ］も上であることがわかりました。また、バイリンガルの子どものほうがモノリンガルの子どもよりも教科の成績も良く、英語話者のカナダ人に対してもより好意的な態度をとっていました。

同時代に行われた別の典型的な研究として、南アフリカの研究者アニータ・イワンコ＝ウォラルによる英語とアフリカーンス語のバイリンガルの子どもを対象にした研究が挙げられます。この研究は、バイリンガリズムによって語の形態（シニフィアン）と意味（シニフィエ）の区別が容易になることを検証する目的で行われました[*31]。第一回目の実験で、イワンコ＝ウォラルは子どもに対して、「cap（野球帽）、can（缶）、hat（帽子）といった三つの単語があります。どちらがcapと似ていますか？ canですか？ hatですか？」という質問を行いました。もし子どもがcanを選択すれば、それは音声を優先しており、hatを選択すれば意味を優先していることがわかります。一番年少のグループではhatを選択したバイリンガルが最も多いことから、バイリンガルの子どもはモノリンガルの子どもよりも二歳から三歳ほど早く意味の発達段階に達していると結論づけました。第二回目の実験では、「ある物に対して名前を付けなければならないとします。牛に対して犬と名付けることや、犬に対して牛と名付けることができると思いますか？」という質問を子どもにしました。すると、バイリンガルの子どもの多くはその質問に「はい」と答えたのに対して、「はい」と答えたモノリンガルは少ないという結果となりました。

同様に、サンドラ・ベン＝ジーヴは、ヘブライ語と英語のバイリンガルの子どもと、それぞれの言語のモノリンガルの子どもに対して、飛行機を見せながら次の質問をしました。「英語ではこれを airplane（飛行機）と呼ぶよね。このゲームでは、この名前を turtle（亀）ということにしよう。turtle は飛ぶことができるかな？」イワンコ＝ウォラルの研究結果と同様、この質問に対してバイリンガルの子どもはモノリンガルの子どもよりも肯定的に答えました。この結果から、モノリンガルよりもバイリンガルの方が、単語の形態と単語の意味との関係を固定しにくいと結論づけられました。[*32] バイリンガルは形態（シニフィアン）と意味（シニフィエ）の間の恣意性について、よりすばやく気が付くことができるのです。

一九七九年から、第二言語習得の専門家のメリル・スウェインやジム・カミンズは、その他の研究を含むさまざまな先行研究にもとづき、次のように結論づけました。バイリンガルの子どもは、単語間の意味の結びつきにより敏感で、単語の形態や意味の間にある恣意性をより知覚しており、文の文法的分析が進んでいて、また社会的感受性がより高く、拡散的思考力を持っています。[*33] つまり、これらの子どもは認知面や言語面でいっそう柔軟なのです。

二〇世紀前半と後半との間に見られる、この明らかな矛盾をどのように説明することができるのでしょうか。実のところ二〇世紀前半では、モノリンガルとバイリンガルのグループ分けはバランスが取れていませんでした。というのも、ほとんどの要因が考えられていなかったからです。実際のところ、性別や年齢、社会経済、言語マイノリティーの子どもが帰属するグループがどのように社会からとらえられているのか、また言語マイノリティーに対してどのような態度がとられているのかといった社会環境を考慮に入れることはなく、また家族への支援や、テストで使用された言語知識などの要因も無視されることが多く、時にはまったく考慮されていないこともありました。もし、ある子どもがほとんど習得していない言語によるテストを受けていたとすれば、その言語を完全に習得している子どもに比べて当然のことながら良い結果を取ることはできません。一方二〇世紀後半になると、グループ分けの方法や統制方法は改善されましたが、時にはやりすぎのこともありました。たとえば、E・ピールやW・ランベールは、最初にバイリンガルの子どもに有利な効果を発見した研究者ですが、実験参加者を選ぶにあたり「均衡型バイリンガリズム」[*34]の基準を採用しました。三六四人の子どものうち、八九人しかこの基準に当てはまる者がおらず、七五人はモノリンガルと判断されました。つまり、半数以上の子どもがモノリンガルでもバイリンガルでもないと判断されたのです。二〇世紀終わりに、心理言語学者のバリー・マクローリンはこのような考察に基づいて、これまでの研究結果は他の研究結果と矛盾しているか、もしくは方法論の段階に問題があると結論づけました。まったくありきたりではありますが、唯一確かなことは、テストで使用される言語をよく知っていれば良い結果を生むとマクローリンは指摘しています[*35]。

その数十年後の現在になって、事態は以前に考えられていたよりもいっそう複雑であることが明らかとなっています。この問題における世界的な第一人者である心理学者のエレン・ビアリストックと同僚のシャオジャ・フェンは、次のようにうまく整理しています。バイリンガリズムはモノリンガリズムよりも優れることもあり、両者にまったく違いがないこともありますが、バイリンガリズムが劣ることもあります[*36]。このうち二点目と三点目は、特にバイリンガルの子どもにおける語彙の発達に関わるものです。バルバラ・ザラー＝ピアソンと同僚のシルビア・フェルナンデスは、英語とスペイン語のバイリンガルである八カ月から三〇カ月の子どもを対象にした調査を行い、語彙の発達のスピードは同じであることを解明しました。[*37] さらに、バイリンガルの子どもが二言語の語彙を持っていることを考慮に入れれば、バイリンガルの子どもが持つ総語彙数はモノリンガルの子どもと同じであるか、むしろバイリンガルの子どもの方が多いこともわかりました。しかしその一方で、個々の言語の語彙数はバイリンガルの子どもの方がモノリンガルの子どもよりも多少は少ないと考えられます。

二〇年後に、これらの結果を証明したのがディアヌ・プーラン＝デュボワ、エレン・ビアリストック、アニエス・ブライ、アレクサンドラ・ポロニア、ジェシカ・ヨットの研究です。二歳のモノリンガルとバイリンガルの子どもを持つ両親を対象に、子どもが使用する単語について詳細な質問紙による調査を行い、語彙の発達を比較しました。[*38] その結果、二つのグループの総語彙数（バイリンガルの子どもの場合は二言語の総語彙数）に違いは見られませんでした。一方、個別に見ていくと、バイリンガルの子どもの第一言語の語彙数はモノリンガルの子どもよりも少ないことがわかりました。これらの説明はまったくのところ常識的なものです。バイリンガルの子どもは、異なる言語によってしばしば異なる単語に触れているのです。このことは、改めて相補性の原理を証明するものです。つまりバイリンガルは場面や人、個別の目的に応じて言語を習得し、使用しているのです。

その数年前にもカナダで、エレン・ビアリストック、ジジ・ルック、キャスリーン・ピーツ、スジン・ヤンが、三歳から一〇歳のモノリンガルとバイリンガルの子どもの受容語彙についての研究を行ないました。[*39] ビアリストックらはモノリンガルにも同じような長所が見られたため、学校や家といった場所ごとの結果を分析し、その原因を解明しようとしました。この研究から、バイリンガルの子どもは英語以外の言語を家庭で使用するため、家に結び付く語彙で違いが現れることがわかりました。反対に、モノリンガルとバイリンガルの子どもはいずれも学校では英語を使用するため、学校に結び付く語彙の違いは両者にみられませんでした。これは相補性の原理で予見されたとおり、バイリンガルの子どもの語彙は分野や言語に応じて編成されているのです。つまり、ある分野は一つの言語でカバーされているのに対して、他の分野では二言語でカバーされているのです。その上、バイリンガルの幼児は、一つの言語での三〇％強の単語について、もう一つの言語でも同じだけの単語を持つことが知られています。そのために、特定の単語に対する広いスペースがそれぞれの言語にできるのです。たとえば、ファーガス・クライクとエレン・ビアリストックは、平均二〇歳と六七歳の二つの成人のバイリンガル・グループを対象とした研究を行った結果、モノリンガルとバイリンガルの間にみられる違いは生涯にわたって維持されることを解明しています。[*40]

バイリンガルがモノリンガルよりも常に良い結果が得られるとの研究分野があるとすれば、それはメタ言語活動の分野の研究です。教育心理学者のジャン＝エミール・ゴンベールによれば、メタ言語活動は言語に関する省察タスクや、言語処理プロセスの過程で起こる意識コントロールや、意図的な計画といった活動も含むものです。[*41] すでに本書でも、イワンコ＝ウォラルとベン＝ジーヴによるバイリンガルについての好意的な研究結果を紹介しましたが、この結果は他の研究でも何度も引用されてきました。エレン・ビアリストックとその同僚による研究成果は、実験タスクの中で選択的注意［複数の情報があふれているときに、その中のターゲットに対して選択的に注意を向けること］

が求められる時、バイリンガルの優位性が現れると検証したことにあります。たとえば、文の中での単語数を正確に数えたり、ある物体に対する新語を文中で使ったり、「リンゴが鼻の上で育つ」に見られるような意味的には正しい文ではないけれども文法的には正しい文であると判断するといった、干渉や曖昧性が存在する場合です。一方で、文法エラーを説明するために文の言語構造の分析が必要となるようなタスクの時や、ある音を他の音に交換しなければならないタスクの時、バイリンガルとモノリンガルに違いは見られません。

次に、認知面に特化したタスクを見てみましょう。エレン・ビアリストックによる数々の研究は、選択的注意や抑制制御が必要なタスクにおいて、バイリンガルはモノリンガルよりも良い結果を出すことを改めて解明しました。これらの能力は、「実行制御（複雑な課題の遂行にあたり、課題ルールの維持やスイッチング、情報の更新などを行うことで、思考や行動を抑制する認知システム、あるいはそれら認知制御機能の総称）」という用語としても知られている実行機能の一部を成しています。実行機能は選択的注意、抑制、選択、予測、計画など高いレベルでの複雑な認知プロセスに依拠しています。例を見てみましょう。エレン・ビアリストックとリリ・センマンは、四歳から五歳のモノリンガルとバイリンガルの子どもに対して、さまざまな品物を見せました。その中には、石に似たスポンジがありました。「私が持っている物を見てくださいね。これは何ですか」と尋ねたところ、多くの子どもは石だと答えました。その後、それは実際のところスポンジであったことを明かし、「最初にこれを見たとき、何だと思いましたか」また「これは何ですか」と別の質問をしました。二つ目の質問に対して、「これはスポンジです」という回答を期待していましたが、これは子どもにとって一番難しい質問だったようです。なぜなら、その物体の知覚的特徴、つまり石に似ているという事実は、無視されるか抑制されなければならなかったからです。外観についての質問には、二つのグループとも同じ回答をしましたが、具体的な実体に関連する質問ではバイリンガルの子どもの方が正しく答えていました。バイリンガルの子どもの方がモノリンガルの子どもよりも明らかに抑制制御が発達していたのです。[*42]

その後、エレン・ビアリストックとその研究チームは、バイリンガルにおけるこの優位性が一生のあいだ続くことを明らかにしました。[*43] そのために、若者と年配者に対して「サイモン効果」とも呼ばれている「空間ストループ効果」を調査するタスクをいくつか行いました。このタスクの中には、パソコンの画面上の左側か右側に赤色の正方形か緑色の正方形を見て、実験参加者が赤色の正方形が現れたら右側のスイッチを、緑色の正方形が現れたら左側のスイッチを押すものもありました。一致条件とは、赤色の正方形がスイッチと同じ、すなわち右側に現れ、緑色の正方形がスイッチと同様に左側に現れるという状況に対応します。「不一致」条件と呼ばれているもう一方の条件とは、赤色の正方形が左に、緑色の正方形が右側に現れるといったように正方形の場所が変わりますが、スイッチは同じ場所のままの場合です。一致条件下に対して、不一致条件下で干渉を解決するために余計にかかった時間をもって、その効果を測定しました。サイモン効果が現れなければ、答えのスイッチと正方形の場所が異なるという干渉に実験参加者が耐えることができたことを意味しています。サイモン効果は、若者のグループにおいても年配者のグループにおいても、バイリンガルよりもモノリンガルの方によく現れました。このことは歳をとってもバイリンガルの認知的優位性は保たれることを示しています。

この効果はどう説明されるでしょうか。著者によると、バイリンガルは日常的に話す言語（基盤言語）やバイリンガル・スピーチ（コード・スイッチングや借用語）をコントロールしなければいけません。このような言語の働きは、サイモン効果のタスクのような干渉タスクと同じ実行機能を必要とするものです。言語レベルにおいて、バイリンガルはモノリンガルよりも選択的注意や抑制制御を実践しているため、バイリンガルは認知タスクでより良い成績をおさめることができるのです。

それでもモノリンガルは他の言語を習得し使用することなく、バイリンガルと同じような成績をおさめることができるのでしょうか。最近の研究によれば、それは可能であるといいます。勉強する、楽器を引く、運動する、ビデオゲームをするといった別の行動によっても、実行機能を促進することができるからです。バイリンガリズムもこのリストに加わることができるようだというだけなのです。

数年前、ビアリストックとその研究チームは、年配のモノリンガルとバイリンガルの人における認知症の進行を研究し、驚くべき発見をしました。[*44] ビアリストックらはまず、二〇〇名近い患者を調査し、モノリンガルとバイリンガルとをほぼ同数に二グループに分けました。患者の家族が答えた認知症の推定発症年齢をみると、モノリンガルの患者が発症した平均年齢は七一・四歳であるのに対して、バイリンガルは七五・五歳であり、四・一歳もの違いが見られたのでした。つまり、認知症を発症するのはバイリンガルの方が遅いのです。アルツハイマー病にかかったモノリンガルとバイリンガルの患者を対象とした補足的な研究が行われましたが、結果は類似したものでした。先の研究と同様に、二つのグループに同様の全般的な認知上の欠損が見られましたが、発症するのはモノリンガルよりもバイリンガルの方が遅く、この研究では五・一歳の差がありました。網羅的ではないかもしれませんが、潜在的なバイアスのかかった原因を抑制し、バイリンガリズムは神経萎縮の負の効果から認知行動を守ることができると著者は結論づけました。もちろん、病気の発症を防ぐことはできませんが、バイリンガルは実行機能を高める他の活動を行えば、さらに何年か発症を遅らせることができることもわかりました。

最後に、バイリンガルのイマージョン・プログラムで教育を受ける子どもも、自然にバイリンガルになる子どもと変わらない恩恵を受けることができるでしょうか。これを検討したいと思います。バイリンガルのイマージョン・プログラムで教育を受ける子どもは、家と外では異なる言語を話します。エレン・ビアリストックらは、カナダのフランス語イマージョン・プログラムでバイリンガルになった英語母語話者の子どもを対象に、メタ言語意識についての研究を行いました[*45]。二年生と五年生の二グループを調査対象とし、形態上の意識ならびに統語上の意識と言語の流暢さに関するタスクを行いました。その結果、メタ言語に関する優位性は徐々に現れ、特に五年生の子どもに顕在化していることが明らかになりました。抑制制御における優位性に関しては、ベルギー人心理学者のアンヌ＝カトリーヌ・ニコレとマルティーヌ・ポンスレが、フランス語のモノリンガル教育を受ける三年生と、英語のイマージョン・プログラムで教育を受ける同学年の子どもを比較しています[*46]。六つのタスクのうち四つにおいて、バイリンガルの子どもの方がモノリンガルの子どもよりも良い結果をおさめました。これは注目すべきことです。なぜなら、イマージョン・プログラムの子どもはわずか三年のあいだバイリンガル教育を受けたにすぎず、早期バイリンガルよりも英語を使う機会が少ないにもかかわらず、イマージョンの経験によってバイリンガリズムと関係のある認知面での優位性が得られたからです。そしてこの結果は、バイリンガル教育に携わる教員、両親、もちろん子ども自身にとって、実に希望のもてるものだといえます。

バイカルチュラリズム

一九六〇年にジェームス・ソフィエッティが論文を発表してからというもの、バイリンガリズムとバイカルチュラリズムとの関係は、私たちが考えていたほど自明なものでないことがわかっています。[*47] バイリンガルでバイカルチャーであることができますし、バイリンガルでモノカルチャーでも、モノリンガルでバイカルチャーでも、モノリンガルでモノカルチャーであることもできます。多くの人はバイリンガルであってもバイカルチャーではありません。たとえば、エジプトでは方言アラビア語と古典アラビア語を使用することから、エジプトにしか住んだことのない人は二言語併用（ダイグロシア）社会に暮らす人々といえます。また、ケニア人のようにケニア文化しか知らないけれども、現地語、スワヒリ語、英語のトライリンガルである人々もおり、現地語に加えてリンガ・フランカと教育言語を使用する国の人々も二言語併用社会に暮らす人々です。さらに、第二言語をその後になって定期的に使用することでバイリンガルになることもできるけれども、その言語を話す国へ行くことはまずないであろう多くの学習者もそうです。またこれとは反対に、バイカルチャーでありながらもモノリンガルの人々も多くいます。たとえば、何年もの間アメリカに住んでいるイギリス人のように、文化はまったく異なりますが、同じ言語を話す国に住んでいる人はバイカルチャーですが、モノリンガルなのです。また、バスク地方に住んでいて、バスク地方の行事にも参加しますが、フランス語しか知らず、フランス語しか話すことのできないバスク人のように、特殊なコミュニティの構成員であると共に、その国の多数派の構成員でありながらも、一言語しか知らないような人々もこれにあてはまります。

バイカルチャーの人をどのように特徴づけるか

言語学では言語の概念をめぐって見解の一致がみられないのと同じように、民俗学や社会心理学の分野においても、驚くべきことに文化の概念そのものに対して研究者の間で見解の一致がみられません。個人の振る舞いや習慣、行事、態度の根底にある規則の知識など文化に関する知識や、文化的アイデンティーや、社会的・経済的・地理的ネットワークといった、文化の定義をめぐってさまざまな学派が多様な要因を強調しています。このことから専門家でない人は、「文化」という用語を定義する方法はたくさんあり、適切な定義を適宜選ばなければならないと、ただちに結論づけてしまいます。しかし我々は、社会・政治組織や規則、行動、態度、信条、価値観、習慣、伝統、芸術など、あるグループにおける生活のすべての側面を当該のグループの文化として捉えることにします。これは、ブノワ・ヴィロール[*48]やイヴ・ドゥラポール[*49]のような他の研究者の定義ともほとんど変わることがありません。ヴィロールは規則や行動のコード、社会の基盤となるイデオロギー的価値観のすべてに言及し、民俗学者のドゥラポールは知や表象、象徴、実践、また世代を超えて伝達される儀礼を力説しました。

しかし、これで完全に問題が解決されたわけではありません。なぜなら、誰の文化なのか、つまり、国の文化なのか、地域の文化なのか、ある社会階級の文化なのか、ある年齢集団の文化か、社会集団の文化か、経済集団の文化なのかを考えなければならないからです。個人はみな一連の文化ネットワーク（サブグループや他の文化）に属し、その文化グループがそれぞれ多少なりとも重なり合い（ある側面やある規則を共有し）、より広いネットワークへと再編成され、さらに広いネットワークへと次々に再編成されていくことを、他の研究者と同様にここでも認めることとします。すべてのレベルにおいて、私たちはそのネットワークと一体化し、そのネットワークの文化的特徴を取り入れているのです。

もしこの現象が、現実を部分的に反映しているのであれば、たとえ他国の主要文化や民族文化との接触がない人でも、個人は皆ある種の「マルチカルチャー」な存在であるといえるでしょう。いわゆるモノリンガルの話者でも、状況や話し相手、主題、コミュニケーションの目的によって言語レベルや言語変種や言語スタイルなどを変えたり、混ぜるため、そのような人でもバイリンガル話者、もしくは複言語話者であると言えます。そこで、次のような疑問がわきあがります。主要文化であれ、民族文化であれ、同じ文化にある複数文化に属することはなぜ可能なのでしょうか。なぜ二つあるいは複数の主要文化や民族文化に属することが難しいのでしょうか。鉄道員で一家の父親であり、社会党員でカトリック信者、さらにブルトン人でパリ人であることは可能ですが、イギリスペイン人でありながらフランス人、インド人でありながらパキスタン人であることは許容されにくいと思います。この難問に対する答えは、国家のヘゲモニー、国家の政治、そこから生じる自民族中心主義、国家や地方への忠誠という概念のような要因のうちに、間違いなく見つけることができると思います。これらの要因から、ある文化ネットワークは補完的であっても、他の文化ネットワークは競合的であると判断されるのです。

議論を簡略化するため、私たちがみな複数の文化ネットワークに属しているということを念頭に入れながらも、ここでは二つの主要な文化に属しているバイカルチャーをまず想定することにします。こうすることによりバイカルチュラリズムの特徴を切り離して考えることができます。実際のところ、二つのまったく異なる言語を持つバイリンガルの特徴を研究する方がずっと容易なのです。その後で、「少数派の」ネットワークとの接触によって起こるバイカルチュラリズムのケースや、トライカルチュラリズムのケースを研究したいと思います。

実際、バイカルチャーの人に関する定義はほとんど存在していません。提出されている定義は二つの要因からなり、バイリンガリズムの定義に似た二項対立が見られます。すなわち、ある文化知識とその文化への関与との対立です。たとえば、デイヴィッド・ルナ、トルステン・リンバーグ、ローラ・パラッチオといったアメリカ人研究者は、バイカルチャーの人は文化ごとに区別された完全な二つの知識体系を持っていると主張し[*50]、知識を強調しています。その一方では、二つの文化への関与を重視している研究者もいます。そのために私は一九八三年に三つの特徴をもとにバイカルチャーを記述しました[*51]。

・少なくとも部分的にであれ、二つないし複数の文化生活に規則的に参加する。たとえばフランスに住み、在仏中華コミュニティの生活にも、多数派の文化の生活にも参加している中国人がこのケースです。

・バイカルチャーの人は、振る舞いや習慣、必要な場合には言語を特定の文化的環境に部分的に、あるいはより広く適応することができます。ここには動的な側面があり、その時に身を置いている文化にしたがって、バイカルチャーの人は存在のあり方を選択するのです。たとえば中国人の場合であれば、他の中国人と一緒にいるか、もしくはフランス語話者が大半の集団と一緒にいるかによって、適切な言語や振る舞いを選択することができるのです。

・バイカルチャーの人はそれぞれの文化の特徴を組み合わせ、統合することができます。何らかの振る舞いや態度、信条、価値観などが、どちらかの文化に起因しているものもあれば(これは結合部分にあたります)、どちらの文化にも属さず統合されているものもあります。バイカルチャーの人が比類なく特別な存在であるのは、この統合のおかげなのです。

この二〇年後に、アンジェラ＝ミンツー・ヌイヤンとベロニカ・ベネット＝マルチネスは、まったく私とは無関係にではありますが、私と同じような手法でバイカルチュラリズムを定義しました。まず、バイカルチャーは二つの文化に触れ、それらを内面化します。その後、バイカルチュラリズムによって、二つの文化的規範は統合されて、一つの行動レパートリーに至ります。同様に、ある文化的サインに呼応して、片方の文化的スキーマや振る舞いをもう片方の文化のものへと変えることができるようになります。[52] 著者は、二つの文化に触れるのみですが、より多くの文化に触れる人々にもこの特徴を簡単に当てはめることができます。

つまり、バイカルチャーの人においては、状況やコンテクストにしたがって適切な振る舞いをするといった、適応力のある制御可能な側面を観察することができるのです。しかし一方で、統合の要素はあいかわらず存在することから、ある状況に適応できなくなるといった硬直的な側面も観察されています。バイリンガリズムとのもっとも大きな違いは、バイリンガルは必要であれば、たとえ複数保持している言語のうちのある言語の習得が完璧とは言えなくても、（ほぼ）モノリンガルとしてもっぱら振舞うことができるのですが、一方バイカルチャーの人は、自らが保持する複数文化を完全に切り離すことが難しく、または切り離すことができない場合もあります。モノカルチャーの人として振舞わなくてはいけない状況でも、態度や価値観、身体表現、振る舞い、洋服の好みなどのいくつかの点は、統合という形で残ってしまうのです。

さらにいくつかの特徴を挙げてみましょう。これらは一見すると、バイカルチャーの人[53]の定義に入るかもしれませんが、議論の余地がありますので、ここではバイカルチュラリズムの定義には含めないこととします。第一の特徴は、文化的アイデンティティに関するものです。バイカルチャーの人は、二つの文化とのほぼ完全な一体化を経験したと考える人がいます。しかしバイカルチャーの人はバイカルチャーであるにもかかわらず、実際には二つの文化のうちのどちらか一方の文化にのみ属していると感じているか、もしくは二つの文化のどちらにも属していないと感じていることが多いのです。第二の特徴として、自分自身のバイカルチュラリズムの受容を挙げる人もいます。

多くのバイカルチャーの人はバイカルチャーであることを認識していないか、バイカルチャーであることを受け入れていません。日常生活で二言語を使用することができても、バイリンガルというカテゴリーに入れられることを認めない人がいるように、バイカルチュラリズムにも同じ現象が存在することは注目に値するでしょう。第三の特徴は、人がどのようにしてバイカルチャーとなるかに関係するものです。「本物のバイカルチャーの人」となるには二つの文化の中で成長していなければならないと思っている人がいますが、バイリンガルのように、思春期や大人になってからでもバイカルチャーになることはできるのです。

この現象は第四の特徴と関連しています。その特徴とは、二つの文化に関する知識の程度に関するものです。「本物の」バイカルチャーの人の中には、二つの文化についての完璧な知識を持っていてもらいたいと考える人もいます。しかしバイカルチャーの人は、片方の文化のある側面のみだけに参加したいという気持ちを持つために、自分のニーズに対応した個別的な文化能力を発達させることができるのであって、全般的な文化能力を発達させるのではありません。こう考えると、「本物の」バイカルチャーの人は「本物のバイリンガル」と同じくらい稀な存在であるといえます。多くのバイカルチャーの人は優勢文化を持っているのです。つまりバイカルチャーの人は、どちらかの文化の中でより多くの時間を費やしていくのです。

他の要因として、以下のような点が挙げられるでしょう。残念ながらあまり見られるケースではありませんが、いずれの文化に対しても自然な態度をとることができるということ、さらに稀ですが、バイカルチャーであることが広く認められていること、そしてバイカルチャーがそれぞれの文化から受け入れられていることです。この点についてジョジアンヌ・アメールとミシェル・ブランは、バイカルチャーの人は自分が属するどちらの文化グループとも積極的に一体化することができることに加え、どちらの文化グループからもメンバーとして認められると規定しています。[*54] しかし多くのバイカルチャーの人は、一方の文化と一体化しないか、さらにはいずれの文化とも一体化することがありません。また、いずれの文化も彼らをバイカルチャーとして受け入れることは稀です。しかしながら、先ほどの定義によれば、彼らもまたバイカルチャーなのです。しかしながらこのような特徴は問題となりうるため、バイカルチュラリズムの定義には含まないこととしました。

最後に、特殊なバイカルチュラリズムのケースを二点論じたいと思います。一番目は、移住などのためにある片方の生活文化に参加できなくなったバイカルチャーの人のケースです。このような人は、ずっとバイカルチャーであり続けるのでしょうか。二言語のうちの一言語を使用しなくなったバイリンガルにも、同じ問題が起こり得るということを留意しておきましょう。本書では、そのような人もバイカルチャーであると考えます。なぜならこのようなバイカルチャーは、両方の文化の特徴を統合し続けるからです。これらの特徴が再編成され、片方の文化だけしか反映しなくなる時になってはじめて、この人は完全にモノカルチャーの人となるでしょう。二点目は、両方の文化と一体化しているものの、どちらかの生活文化にしか参加せず、両方の文化の特徴を統合していない人のケースです。たとえば、二世代前にポーランドから移民してきた祖母がいるフランス人は、フランス人でありポーランド人であると思っていますが、ポーランドの文化的特徴をまったく持ち合わせていないこともありえます。自らのルーツを求めるといったこのような状況は、西ヨーロッパでどんどん増えており、それは象徴的なバイカルチュラリズムの形態がそこには存在し、関心を寄せるに値するのですが、ここでは扱わないこととします。

最後に、バイカルチャーの人は二つの文化の側面をさまざまな度合いで組み合わせ、統合しているということを再び強調したいと思います。個人レベルでは、接触文化がバイカルチャーを作りあげるといえるでしょう。バイカルチャーとは二つの文化の総和でもなく、二つの別々の文化の寄せ集めでもありません。一人一人に個別の独自の方法によって二つの文化の文化的側面の特徴が組み合わさり、統合してできた一つの実体なのです。そのため、一人ひとりが独自の文化能力を持ち、固有の経験や生態環境を持っています。このような事実が理解され、受け入れられた時にはじめて、私たちはバイカルチャーの人を理解したり記述したりすることができるでしょうし、またバイカルチャーも自分の特殊性を受け入れることができるようになるでしょう。

バイカルチャーになる

バイカルチャーになるのは、人が二つ以上の文化と接触したり、少なくとも部分的に二つの文化の中で生活しなければならない時です。バイカルチャーの家庭で育つ子ども、もしくは二つの文化と日常的に接触する家庭に生まれた子どものように、子どもの頃からバイカルチャーになり、それが一生続くこともあります。また、文化的マイノリティーの子どもが、学校に入学してから二番目の文化と接触する場合や、思春期に二番目の文化の中で教育を受けなければならない場合、大人になってから経済的、政治的、宗教的な理由で移住する場合、第二世代や第三世代の「移民」が大人になってから自分の出身文化を再発見する場合もあります。将来的には、バイカルチュラリズムを研究する民族心理学者が、バイカルチャーになるための認知的・社会的な作用を解明し、年齢や社会・文化的出自、移住や就学などの接触の理由によって、その認知作用がどう変わるかを説明するような時がくるでしょう。

これまでに行われてきたバイカルチュラリズムを扱う研究は、移民の文化変容に特化されたものであり、バイカルチャーの人が移住先の文化でどのような適応の段階をたどるかについて記述するものでした。そこではカルチャーショックや孤立、内向が記述されただけでなく、時には過剰適応や、早めにおこる文化変容の時期も記述されてきました。文化変容の起こる時期は、移民グループの重要性や集住の程度、子どもの有無、移民グループに対する社会の態度、また、日常生活に必要な文化バランスに適応して起こる「化石化」〔第二言語の習得過程で、正しくない音や語彙、文法などが定着してしまい、その後の時間の経過にもかかわらず正しい形へ変化していかない現象のこと〕などによって異なります。同様に、移住者による出身国の美化や出身国についての言説、出身文化への「回帰ショック」（ホスト国の現実は、移民が夢見ていたものに（まったく）一致しないためです）、そして「ここで生まれた子どものために」移住の状態を甘んじて受け入れざるをえなかった点についても研究されています。しかし、移住することによって生じるバイカルチュラリズムに関する分析は、ほとんど見られません。これまでの研究はむしろ、研究が提示するモデルによれば、モノカルチュラリズムから別のモデルへの変容の過程を記述したものです。移民は二つの文化のいくつかの局面を組み合わせ、統合する総体として、つまりれっきとした文化的存在としてみなされているのではなく、Aという文化のメンバーでもなければ、（まだ）Bという文化のメンバーでもない存在とみなされています。したがって、研究者らの政治的見解によれば、これまでの研究は出身文化への回帰や移住先の文化への完全な同化、出身文化の積極的な保護を推奨していますが、バイカルチュラリズムの受容や発達を推奨することはほとんどありません。しかしながら、大人になってからホスト社会と接触し、その土地で何年も生活をしている移民のほとんどはモノカルチャーにとどまることはなく、それぞれの文化を組み合わせ、統合するバイカルチャーになるのです。

バイカルチャーになることに関して最も興味深い側面の一つは、移民の家庭に生まれる活力で、移住先の文化へ適応したいという第二世代の子どもの願望と、出身文化を保持してほしいという両親の願望との間にはしばしば緊張関係がみられます。多くの自伝に関する研究は、この緊張から発生する家族内の争いや拒絶、断絶といった悲惨な結果のみを強調しています。この環境で難しいのは、多くの場合、相手側に関する見方は問題となる二つの文化によって押し付けられたものであり、当事者によって選ばれたものではないことです。出身文化に属する人々は、もう一つの文化へと子どもたちを「行かせる」ことのないように、両親に圧力をかけています。一方で子どもたちは、学校の同級生などのホスト社会の影響で、両親の文化を捨てなければならないとの強迫観念を抱いています。大半の子どもたちは出身文化を捨てるという道を選択することになりますが、その場合、大人になってからしばしば後悔することになります。両親と子どもたちは程度の差こそあれ、それぞれの文化の特徴を組み合わせ、統合しているだけに一層、そのような環境に不満を抱いています。しかしいずれにせよ、出身文化もホスト文化も、子どもたちに対してバイカルチュラリズムを受け入れ、バイカルチャーとして生きるという、権利とはいわないまでも機会を与えてくれるものではありません。

バイリンガルでありバイカルチャーでもある人々にとって、興味深いことに、それぞれの構成要素はさまざまの局面で発達するのです。たとえば、ある子どもは一つの文化の中で育ちながら幼くして二言語を習得しますが、もう片方の文化と接触するのはもっと後になってからということがあります。これは、ドイツ語圏スイスのような二言語併用（ダイグロシア）社会の場合です。この場合、子どもはスイスドイツ語と標準ドイツ語を幼少期に習得しますが、両親がドイツ人やオーストリア人というような場合を除いて、スイス文化の中でモノカルチャーのままにとどまります。大きくなってその子どもはドイツやオーストリアへ移住するかもしれませんが、その時になってはじめてバイカルチャーになるのです。この反対も起こりうるものです。たとえば、フランスに住んでいるユダヤ教信者の家庭の子どもたちは、フランス語のモノリンガルかもしれませんが、部分的にはバイカルチャーといえます。数年後、もしくは大人になってから、子どもたちはイスラエルに長期滞在をしてヘブライ語を学べば、少しずつバイリンガルとなります。もちろんバイリンガリズムとバイカルチュラリズムの発達は同時に起こるかもしれませんし、ほとんどの場合、同時に起こるといえます。しかし、必ずしもそうではない可能性があることに留意しておかねばなりません。

同様に、ある人のバイカルチュラリズムは一生のあいだで変化することも注意しておきましょう。バイリンガリズムの変化の理由と似ていますが、移住や就学、就職、恋愛、近親者の死などによって、人の文化的優位性は変化するかもしれません。また、第一言語の場合と同じく、第二文化と長い間接触した後で、第一文化が衰退することもあります。さらには、長期間にわたって第一文化との接触が極度に制限されたり断絶されれば、第一文化の消滅もありえます。結果としてバイカルチャーの人は、振る舞いや習慣、価値観、時には言語を、衰退した文化に適応させられなくなってしまいます。さらに、文化の統合も支配的な文化にますます優位に働くようになるのです。

バイカルチャーであること

第2章で検討したバイリンガルの言語モードのモデルを少し変更することによって、バイカルチャーの人にもそのモデルを適用することができます。バイカルチャーの人は、振る舞いや考え方、態度などを、バイカルチャーのモードであれモノカルチャーのモードであれ、自分がいる場のモードにしたがって部分的に選択するでしょう。モノカルチャーのモードの時には、片方の「文化面」の活動を弱めて、さまざまな場面に適応しようとします。たとえばモノカルチャーの友達を招く、当座の文化の規範に従って会議を行う、その文化しか知らない人とやり取りを行う、その文化の規範に従った服を着るといった場面です。たとえば、ろう者は健聴者と会うとジェスチャーで挨拶するのではなく手を差し出します。ろう者同士でいる時には、親戚や通っていた学校、共通の友達の力を借りることも多くありますが、健聴者が相手の場合にはこのような力を借りることなく、簡単な方法で自己紹介をします。また、ろう者同士で行うやり方とは異なり、注意を引くときには健聴者には触れません。そして、手話をしている時とは反対に、健聴者を凝視しすぎないように一定の距離を保ちます。その場を離れるときは、別れの挨拶を聞くようにします。というのも、健聴者の別れの挨拶は一般的に簡潔であるからです[*55]。

とはいえ、前述の統合の側面があるために、振る舞いや態度、とりわけ反応は、その状況に完全に適応されることはなく、もう片方の文化の影響を受けてしまいます。このような静的な文化干渉の形態は、バイリンガリズムのレベルで起こるものと区別されています。というのもバイリンガルはモノリンガル・モードのとき、一つの言語しか使わないために、もう片方の言語活動のおおかたを弱めることができるのです。しかし、バイカルチャーの人はそうはいかず、ジェスチャーや相手との距離の取り方、話題、カフェでのウェイターの呼び方、チップのあげ方、バスに乗るときの並び方といった日常の振る舞いの中に、もう片方の文化の痕跡を残してしまうのです。

バイカルチャーの人どうしでいる時のバイカルチャーの人のモードは、バイリンガリズムでの基盤言語の選択と少し似ており、どちらかの文化での振る舞いを基盤とします。そして、バイカルチャーの人は状況や必要性などその時に応じて、もう片方の文化面を取り入れます。つまり、文化的特徴や振る舞いについて、ある種のコード・スイッチングや借用を行うのです。これには、相手と同じく二つの異なる文化に属していることを示すために、振る舞いの基盤を変える点も含まれています。バイカルチャーの人にとってこのような時間は貴重です。なぜなら、監視される必要がなく、自分と似ている人々と一緒にいることでリラックスできるからです。バイカルチャーの人は口を揃えて、親友は自分と同じような人だといいます。そのような人とは気がねもなく、また理解されないこともなく、異なる振る舞いへと移行することができる人のことです。

バイカルチャーであることの利点は数多くあります。まず、複数の文化やネットワークの中で生活し、相互交流することができる点です。また、文化の違いに気がつき、それを他者に説明することができ、文化間の仲介者となることができる点なども挙げられます。「多様性を十分に受け入れることができる人は、多様なコミュニティや文化間の「仲介者」となることができ、自分たちの暮らす社会の中で一種の「接着剤」のような役割を果たすことになる[*56]」とレバノン出身の小説家アミン・マルーフは記しています。このように明らかな利点に加えて、いくつかの学術研究は、これほど目立たないものの重要な利点を明らかにしています。カーミット・タドモル、アダム・ガリンスキー、ウィリアム・マダックスが行った創造性に関する実験結果を例に挙げたいと思います。目の前の物体についてさまざまな用法を挙げるように実験参加者に指示したところ、バイカルチャーの人はモノカルチャーの人よりも多くのアイディアを出すことができました。他にも、バイカルチャーの人にはモノカルチャーの人より多くの起業家や発明家がおり、会社での昇進も早く、評判がよいことがわかりました。研究者は統合的複雑性という用語でこれらの結果を説明しています。つまり、特定の状況下において、さまざまな視点が競合するということを受け入れる能力や、その間の関係を築く能力は、バイカルチャーの人の方が優れているといえるでしょう[*57]。

人格が変わるのか

言語を変えると人格まで変わる気がすると、バイカルチャーであるバイリンガルが話すのを何度聞いたことでしょうか。ある言語では内気で優柔不断であるのに、別の言語では外交的で陽気になるという人もいれば、ある言語では礼儀正しく穏やかであるのに、別の言語では心配性でぶっきらぼうになるという人もいます。「新たな言語は新たな魂をもたらす」というチェコのことわざの中に、部分的に真実があるかもしれません。多くの証言はあるのですが、実証研究が圧倒的に不足しています。この分野のパイオニアであるスーザン・アーヴィンによる研究によって、バイリンガルでありバイカルチャーである実験参加者は、曖昧な状況を表している具象的なデッサン[*58]を見て、言語ごとに異なる物語を語ることがわかりました。一二年以上アメリカに住んでいるフランス出身の実験参加者は、第一回目のタスクを片方の言語で行い、六週間後に二回目のタスクをもう片方の言語で行いました[*59]。

実験参加者のコメントの中には三つの変数があることが明らかになりました。ことばによる他者への攻撃、逃避的行為、そして成功です。ある女性は同じデッサンを見て、フランス語では、より愛する女性ができたために妻と別れる男性の話をしました。しかし英語では、より良い地位を得るために大学の夜間授業を受ける男性と、その目標を達成するためにその男性を支える妻の話をしたのでした。

数年後アーヴィンは、英語と日本語のバイリンガルであるバイカルチャーの人を実験参加者とし、ある文を完成するように指示を出しました。たとえば、「私の望みが家族の望みとぶつかるとき……」といった文です。その結果、一人の実験参加者から言語によって文の続きがまったく異なることがわかりました。ある実験参加者は日本語で「それは大変悲しい瞬間である」と続けましたが、英語では「私はしたいことをする」と答えました。研究者によれば日本語の発話には、愛情や不貞、親しい人との別れなどに関連する感情がより見られ、それは特に両親に関連するものでした。一方、英語では、実験参加者はよそよそしくて冷たく、人間関係はより形式的であることがわかりました[60]。四〇年後に再び、デイヴィッド・ルナ、トルステン・リンバーグ、ローラ・パラッチオが同じような研究を行ないました。実験参加者には、アメリカ在住の英語とスペイン語のバイリンガルであるバイカルチャーを選びました。実験参加者は、まず片方の言語で広告についての解釈やコメントを行い、六カ月後にもう片方の言語で同じ作業を行いました。その広告は、複数の女性がさまざまな活動をしているもので、実験参加者は「女性は広告の中で何をしているか」「広告は何を想起させるか」といった質問に答えました。その結果、スペイン語による回答の中では、女性たちは力強く、知的で、勇敢で、器用で外交的であると認識されていたのに対して、英語による回答の中で、女性たちは伝統的であり、他者に依存しており、家庭に向いていると認識されていることがわかりました[61]。

前述のチェコのことわざには一見の真実があり、言語が変わると性格も変わると結論づけてしまいそうです。しかし、おそらくこのケースには当てはまりません。私は一九八二年から別の解釈を提案しています。バイリンガルであるバイカルチャーの人は言語とは関係なく、環境や状況、聞き手によって振る舞いや態度を変化させるとの解釈を提案しているのです[62]。ここで紹介した研究の実験参加者は、ある文化の環境に適応している真のバイカルチャーの人として振舞っていたにすぎないのです。スーザン・アーヴィンもまた、その研究で同じような解釈を提案しています。言語の交替は、社会的役割や感情的態度の変化と関係するというのです。それぞれの言語は、さまざまな人々によって、多様な環境の中で使用されるため、言語の交替と振る舞いや態度の変化の間に因果関係を作る傾向にあります。しかし、言語そのものは振る舞いや態度の変化の原因ではありません。言語はあくまでも振る舞いや態度の変化に追従しているだけなのです。これを証明するためには、モノリンガルであるバイカルチャーの人を観察するほかありません。このような人々は一言語しか使用しませんが、状況や話し相手によって振る舞いや態度、信条を変えることもあるのです。

どのようなアイデンティティか

バイカルチャーの人であれば誰でも、「自分は誰か」「自分はどの文化に属しているか」と自問自答したことがあると思います。バイカルチャーの人がジレンマとしてよく挙げることは、ある文化に属するモノカルチャーの人がバイカルチャーの人をどのように分類するのかがわからないということです。「そのバイカルチャーの人はAという文化のメンバーなのか」「Bという文化のメンバーなのか」、あるいはごく稀に「新しい文化のメンバーなのか」と問いただします。なぜならこのような分類は、社会での相互交流を進めるために必要であるように思えるからです。「あなたが誰であるか、言ってちょうだい。そうすれば、私の振る舞いをあなたの振る舞いに適応できるかもしれないし、できないかもしれない。あなたを理解しようとすることができるかもしれないし、できないかもしれない。あなたを仲間に入れることができるかもしれないし、排除することになるかもしれない」。モノカルチャーの人のやり方は、バイカルチャーの人の出生地や親戚、言語、国籍、外見、苗字や名前、相手の文化グループに対するプラスもしくはマイナスの先入観などに基づいています。モノカルチャーの人にとって一番重要な特徴は国籍であると、ナンシー・ヒューストンは考えます。「国籍という情報が頭の中で整理され、固まって、あなたについての最も目立つ特徴となります。つまり国籍は、あなたという人を定義し、あなたという人を記述する特質なのです。そして、あなたはロシア人、ニュージーランド人、セネガル人、カンボジア人など……となるのです[*63]」。これ以降、そのバイカルチャーの人は「私のグループ」に属するか、もしくは別のグループに属すると分類されるのです。残念ながらこの分類が絶対的になることがほとんどです。つまり、「私のグループに属していようが、そうでなかろうが」「私たちに賛成していようが、反対していようが」、二つないしそれ以上のグループに属しているとは認め難いのです。このように、私たちにはアイデンティティをただ一つの帰属に単純化してしまうといった考え方や表現手段が根付き、習慣となっているのです。そのために「どちら側につくのか」が命じられており、アミン・マルーフはこれに抗議しているのです[*64]。つまり、AもしくはBという文化に属する「モノカルチャーの人」は、バイカルチャーの人をAかBのどちらかの文化に分類し、そして、バイカルチャーの人を自分のグループに含んで「私たちAグループは……」と言ったり、さらには「あなたたちBグループは何を……」と言ったり、さらには「なんてひどいBグループだ」とまでののしることになるのです。

Aという文化によってBという文化へ追い出されたり、反対にBという文化によってAという文化へ追い出され、バイカルチャーの人は時に相反する二つのカテゴリーに分類されてしまうことがあります。その結果、バイカルチャーの人は自分の所属やアイデンティティを自ら決定しなければならなくなるのです。バイカルチャーの人はAとBの文化のメンバーによる評価を考慮するだけではなく、両方の文化に対する自分自身の態度や個人の経歴、社会的地位、親族関係、アイデンティティの必要性、外見なども考慮に入れ、Aという文化と一体化してAだけに属するか、Bという文化と一体化してBだけに属するのです。もしくは、両方の文化を捨ててどちらの文化とも一体化せずどちらにも属さないか、反対にバイカルチャーの視点に立って、両方の文化と一体化して両方の文化に属するのです。

　最後の一点以外は、バイカルチャーの人に固有の特性を反映するものではありません。なぜなら、バイカルチャーの人は少なくとも部分的には二つの文化に属しているからです。それに加えて、そのような選択をすれば、多くの場合、人格の分裂や家族や社会との断絶が起こり、深い傷跡を残すこととなります。それでもなお、このような選択が繰り返し行われており、今日の社会では、自分と異なることや、二重の帰属、つまりAとBと両方の文化に帰属するといったことは受け入れられていません。このような分類は文化によって強いられたものでありますが、一部のバイカルチャーの人によって容認され、拡大されています。たとえ片方の文化を捨てることになったり、両方の文化からも追放されることになっても、バイカルチャーの人は何としても二つのうちの一つの文化に統合しようとします。ここでは、移民の第二、第三世代の子どものケースが重要な意味を持ちます。つまり、彼らの多くはフランス人であるにもかかわらず、フランス社会からは外国人であるとみなされて排除され[*65]、同時に祖国からは移民やフランス文化を持った人であるとみなされてしまうのです。この二重の排斥を前にして、どちらかの文化を選び、統合のためになんでもする移住者がいる一方で、大多数の移民は自らを、「どこの者でもない」「ここの者でもよその者でもない」「二つの文化の間をかける馬」、または「アイデンティティを探し求めている者」であるといい、社会の逸脱者となっていきます。もちろん、音楽や芝居、スポーツなどのまったく異なるネットワークと一体化したり、ヨーロッパのネットワーク、地中海沿岸諸国のネットワークなどのより広いネットワークに一体化することで、この問題に対する解決策を見いだす人もいます。

周辺的であるとか、根無し草、ハイブリッド、引き裂かれた、疎外された、祖国のない、祖国を離れた、混血の、カメレオン、さらには裏切り者といったネガティヴな用語は移民を特徴付けるもので、バイカルチャーの人を悩ませている二重の排斥といった現象を見事に反映するものです。そしてバイカルチャーの人は、モノカルチャーの人がありのままの自分たちを受け入れ、固有のアイデンティティを受け入れてくれる日が来るのだろうかと自問しています。「複雑なアイデンティティを要求する人は皆、マージナルであると感じている」と、アミン・マルーフは指摘しています。マルーフは、アルジェリア人の両親を持つフランス生まれの若者を例に挙げ、そのような若者は二重の帰属を持っており、いずれをも引き受けなくてはならないと言っています。もし、この若者がそのような帰属感を十分に持ち、多様性を引け受けるよう周りから励まされていたら、これは豊かな経験となったに違いありません。「ところがこれとは反対に、この若者がフランス人だと言うたびに、裏切り者、さらには背教者と見られたり、これとは反対にアルジェリアとのつながりや自分の経歴、文化、宗教への愛着を強調するたびに、いつも無理解や不信感、敵意にさらされたのであったとすれば、この若者のこれまでの人生はトラウマを生むものであったに違いない[*66]」。

このようなバイカルチャーの人に対する一つの救済策は、同じような他のバイカルチャーの人と結集し、独自の文化ネットワークや文化のサブグループを作ることです。そこでは、二つの文化の間で引き裂かれることはありません。この点について、マリー＝ローズ・モロも次のように同意しています。「移民の子どもは先駆者である。彼らは、両親の歴史を認める方法を生み出していかなくてはならない。そして、彼らの世界でありつつも、常に自分たちを異なるものとして扱い、排除し、周辺へと追いやる世界の中で、新たな地位を引き受けるような方法を見つけていかなくてはならない[*67]」。アメリカでの文化的マイノリティーのケースが、まさにこのような考え方に当てはまるでしょう。彼らは、自分たちの特殊性や固有のアイデンティティを尊重してほしいと願っています。もちろん、せめて心だけでも自分の出身文化と繋がりたいと思う人は多くありません。大多数の人々は、出身文化と多数派文化とが接触するなかで統合された、新たなアイデンティティを認めてもらいたいと思っているに違いありません。たとえば、多くのメキシコ系アメリカ人が次のように言うのを耳にしたことがあるでしょう。「私たちは完全にメキシコ人でもなければ完全にアメリカ人でもありません。チカーノです。自分たちには固有の特性があり、それが世間に認められるべきです」。

バイカルチャーの人は孤立してあまり人数も多くなく、このような承認を求めるほど多くの人が動員されているわけでもないでしょうが、それでもマリー＝ローズ・モロの次の発言を目にすることができるよう願ってやみません。「自分が生活する社会の文化と、自身の出身文化が一致しない人たちが皆、悲痛な思いをすることなく、二重の帰属を引き受け、自身の出身文化を維持し続け、恥ずべき病のようにその出自を偽らなければならないと感じることなく、ホスト国の文化にも並行して心を開くようにならなければならない[*68]」。またバイカルチャーの人がいつの日にか、モロッコ出身のフランスの小説家タハール・ベン＝ジェルーンのように明言し、そしてサポートを得られることを願っています。「二つの国、二つの文化、二言語に帰属できて幸せに思う。私はこのことがつねに自らを豊かにするものと考えている」[*69]。

例外的なバイリンガル

例外的なバイリンガルとは、ポリグロットや第二言語の教師、翻訳家や通訳、手話と口語のバイリンガルであるろう者や作家であり、このような人々は普通のバイリンガルよりもはるかに稀少なため、彼らは固有の属性によって特徴づけられることがあります。

ポリグロット、第二言語教師、通訳、翻訳者

多くの言語を知る人はしばしばポリグロットと呼ばれます。その数は多くないものの、その時代に影響を与え、百科事典にも名を残している人もいます。たとえば、一九世紀のイタリア人枢機卿ジュゼッペ・メゾファンティは、多くの言語に通じていたことで有名で、約六〇の言語を知っていたと言われています。もちろん、定期的に使用していたのは二〇言語程度で、それぞれの言語知識のレベルにはばらつきがありました。しかし、ポリグロットの忘れがたい一例であることは確かです。それ以降も、見事な言語能力で周囲の人々の記憶に焼き付いた人がいます。たとえば、同じく一九世紀のイギリス人探検家で外交官のリチャード＝フランシス・バートン卿（1821-1890）は、イ

ンド、アラビア、ナイル川の流域の約三〇の言語がわかりました。近年では、アメリカ人言語学者のマリオ・ペイ（1901-1978）は約四〇言語を話すことができ、一〇〇もの言語を研究したようです。また、マサチューセッツ工科大学のケン・ヘイル教授（1934-2001）は、さまざまなアメリカ・インディアンの言語に関する深い知識で知られており、それらの言語を巧みに操ることができました。これらの比類なき複言語話者は、著述の対象となっています。[*70] これははっきりとした記録が少ないため難しい問題であり、これまで誇張をまじえて報告されてきたことから、誇張の部分と事実の部分とを区別しようと著述の中で試みています。

このようなポリグロットに加えて、それよりもはるかに多いバイリンガルにも、独自の特徴があります。第二言語の教師のうち、特にその言語を学校教育の中で身につけた人がそれに相当するでしょう。まず、このような人々はその言語や、文学、文化と強い感情的なつながりを感じていることが多くあります。一方、それに比べて普通のバイリンガルがそのような感情を抱くケースはまれなことです。イギリスの寄宿舎で目の当たりにした光景のことを、私は生涯忘れません。フランス語の先生がシャンソン歌手のエディット・ピアフ（1915-1963）の死を知った日のことです。その先生は、少数ではありましたがクラス全員を自分の研究室へ集めて、涙を浮かべながらエディット・ピアフの生涯を語り、私たちにエディット・ピアフのシャンソンを聞かせてくれたのです。さらに、フランスの作家ジャン・コクトー（1889-1963）の生涯も語ってくれたのです。このような教師にみられるもう一つの特徴は、ネイティヴの教師を除いて、教室の外で第二言語をあまり使用しないということです。なぜなら、単にその必要がないからです。たしかに、定期的にその言語が話されている国や地域へ旅行したり、本や映画に浸ることで言語リソースにたち戻る機会を得ますが、日常生活では、言語使用は学校教育に限定されています。三番目の局面は、言語それ自体の機能についての高度な知識に関連しています。普通のバイリンガルにこのような点はほとんど見られません。第二言語の教師は複雑な文法項目や特徴的な統語構造の選択、語彙表現のさまざまな意味について説明することができるのです。また、教室では受容面においてバイリンガル・モードとなることも指摘しておきましょう。つまり、第二言語の教師は生徒が使用するのであればクラスの第一言語と、目標言語との二言語を活性化しなければならないのです。しかし産出面について、彼らはむしろモノリンガル・モードであるといえます。というのも、第一言語をまったく、あるいはほとんど使用しないようにしなければならないからです。教室外でのコード・スイッチングや借用はよく起こることです。しかし上級者向けの語学の授業で、コード・スイッチングや借用は行われないか、少なくとも使わないように努めます。もっとも、教師の中には教室の外でバイリンガル・スピーチをごくわずかしか行わない人もいます。それは、学生に対してバイリンガル・スピーチを行わないようにするためです。最後に、第二言語の教師はバイリンガリズムを実に狭く定義していることが多く、外国語を定期的に使用し、バイリンガルの資格があるにもかかわらず、自らをバイリンガルであると認めない人が多いのです。

特殊なバイリンガルのもう一つのカテゴリーに、翻訳家と通訳者があります。[*71] 特に、現代の翻訳の多くを占める専門分野の翻訳家になるためには、対象言語の語彙や文体、そして時には文化さえも知っていなければなりません。つまり、相補性の原理に逆らわないといけないのです。翻訳家の場合、二言語で同じような知識を持っていなければなりません。これは、たしかにある特定の分野に限定されることが多いですが、一言語からもう一つの言語へと難なく移行できるようにしなければならないためです。普通のバイリンガルが翻訳する際の欠点とは、二言語で同じような概念を常に持つとは限らず、二言語の移行メカニズムを習得していない点です。通訳者は翻訳の能力だけでなく、通常のテンポでリアルタイムに発言を聞いて理解し、メッセージの意味を記憶し翻訳をし、発言できなければなりません。そして同時通訳の場合は、その続きを理解して記憶し始めていなければなりません。通訳者が使うメカニズムはあまり解明されていませんが、起点言語と目標言語を同時に理解できなければならないことはわかっています。対象言語を理解しなければならない理由は、対象言語での発言を自分で聞くことになり、起点言語の中には目標言語の語彙や表現を含むこともあるからです。さらに、聞こえたことを単に繰り返さないように、起点言語の産出システムを弱めなければなりません。[*72] 同時通訳をしたことがある人はみなこのタスクの難しさがわかると思います。逐次通訳とは、スピーチをある程度の長さに一区切りにして通訳することですが、一つの言語を別の言語へと変換できなくてはならないだけでなく、一つの言語による発言を再構築するために、リアルタイムで詳細なメモを取ることができなくてはなりません。何度も繰り替えし述べているように、普通のバイリンガルである私はこのような卓越したバイリンガルに敬意を払わずにはいられません。[*73]

通訳者は通訳の産出部分ではモノリンガルのように振舞わなくてはなりませんが、このような人々はみな仕事の時に職場の言語だけをどうしても使い続けなければならないのです。自由時間には、どの言語でも話すことができますし、時にはどちらかの言語で話さなくてはならないことも多々あります。また状況が適していれば、バイリンガル・スピーチをしなければならないこともあります。この一方で、業務では一つの言語だけが必ず求められるのです。この点について二つの例を紹介したいと思います。最初の例は外国の特派員のことで、ラジオやテレビで毎日のように、世界各地からの特派員報告を見たり聞いたりするでしょう。特派員は情報を得る時に現地の言語や英語を話しますが、放送では完全にモノリンガル・モードでいなければならず、私たちの場合は、フランス語だけを話さなければならないのです。さらに、特派員は長い間遠く離れた国に住んでいるため、バイカルチャーであることが多いですが、現地ではふだん説明することのない側面をみな説明して、あたかも出身国に居住しているかのようにあるテーマを紹介し、分析しなければならないのです。特派員の居住する国と報道が伝達される国の両国をよく知る人だけが、一つの言語によってバイリンガルが報告をするというこの離れ業を高く評価できるのです。このような特殊なバイリンガルの行動が必要とされる職業、すなわち片方の言語と、できるなら文化さえも完全に活性化させてはならない職業の中から、言語の観点からかなり興味深く、極めて稀なケースを紹介しましょう[*74]。それは、スパイ、特に潜伏スパイです。スパイは見つからないように、居住国の住民と同じような言語能力を持たなければならず、外国語のアクセントの痕跡があってはいけません。さらにも う片方の言語を使いたい時があっても、少なくとも公共の場では常に一つの言語しか使用してはいけません。もちろん、もう片方の言語を知っている人といる時でさえ、コード・スイッチングや借用をしてはいけないのです。そして、その国のネイティヴのように振る舞い、もう片方の文化に影響を受けた態度や信条、価値観などを何も漏らしてはいけず、片方の文化に特有のボディランゲージも使用してはいけないのです。

手話と口話のバイリンガルである「ろう者」

ろう者や耳の不自由な人もまた、特殊なバイリンガルであるといえます。彼らは手話を使用し、さらには多数派言語を書きことばの形式や時には話しことばの形式で運用します[*75]。また、他言語の手話、もしくは話語を知っている人もおり、このような場合、彼らは複言語話者なのです。このようなろう者の特徴は、健聴者のバイリンガルの場合のように、すぐれた多様性にあります。ろう者はそれぞれ言語能力を発達させますが、中でもとりわけ、難聴のレベルや子ども時代の言語、教育言語、職場における言語、社会ネットワークで使用される言語によって、言語能力が変わります。この点では、本書がこれまで扱ってきたように、言語知識や言語使用レベルがそれぞれ異なる健聴者のバイリンガルと、ろう者のバイリンガルに変わりはありません。他の共通点として、ろう者のバイリンガルは自分自身をバイリンガルとみなしていない点があげられます。なぜなら、多数派言語の言語能力や、時には手話の言語能力を完全に獲得していないからです。さらにろう者のバイリンガルは、健聴者のバイリンガルのように、言語モードの連続体を定期的に移動しています。モノリンガルと話す時は一つのコードに限定し、モノリンガル・モードに徹します。手話か多数派言語の書きことば、あるいは話しことばの中から、使用している言語の中だけに留まるように努め、他の一つないし複数の言語を活性化させません。ろう者のバイリンガルは、時にバイリンガルのコミユニケーション・モードにもなります。つまり、同じ言語を共有するバイリンガルや、二言語を結び付けて使うことができるバイリンガルと一緒にコミュニケーションをとるのです。ひとたび基盤言語が決まれば、手話となることがほとんどですが、バイリンガルは身振りや指話法、唇の動きを使いながら、コード・スイッチングや借用を通じて他の言語に頼ることができます。これらは接触手話と呼ばれています。

ろう者のバイリンガリズムと健聴者のバイリンガリズムには多くの共通点がありますが、ろう者の世界に特有な点もあります。まず、近年は改善されてはきたものの、ろう者のバイリンガルの地位はまだ完全には認められていません。ろう者はバイリンガルであることが多いにもかかわらず、依然として彼らを多数派言語のモノリンガルとして考える傾向があります。また、これはろう者の特性によるのですが、ろう者の多くは一生にわたりバイリンガルであり続けるのです。少数派集団のバイリンガルの場合、時とともに多数派言語、少数派言語、もしくは他の言語のいずれかのモノリンガルへと向かうのですが、ろう者は世代をまたいでバイリンガルであることがよくあります。さらにろう者は、多数派言語の言語能力のなかでも、特に話す能力と聞く能力を完璧に習得することはありません。とはいえこれは、書記能力や読解能力の望ましい習得にまったく影響を与えるものではありません。もう一つの相違点は、言語モードの連続体に沿った言語シフトにあります。つまり、ろう者のバイリンガルは手話を使用する時に、ほとんどモノリンガル側の極にいることはないのです。というのも、手話を使う人の大多数は、多数派言語も知っているからです。そこでろう者は、多数派言語のモノリンガルと書きことばのみでコミュニケーションをとるのでない限り、他のバイリンガルと一緒にいることが多いので、その結果、彼らはほぼつねにバイリンガルとともにいるため、バイリンガルの言語モードでいるのです。最後に、ろう者のバイリンガルの言語知識と言語の使用法は、健聴者のバイリンガルとほぼ違いがないように思われるかもしれませんが、おそらくより複雑であると考えられます。というのも、ろう者のバイリンガルは一番目の話者とは手話を使用し、二番目の話者とは言語対応の手話を用い、三番目とは両者が混合した手話を用い、四番目とは手話と発話が同起するコミュニケーション形式をとることができるからです。

文化面をみると、多くのろう者は明らかにバイカルチャーの三つの定義を満たしています。ろう者は部分的にであれ、ろう者の世界にも健聴者の世界にも定期的に参加しており、部分的にであれ、二つの文化に適応しており、それぞれの文化の特徴を組み合わせ、統合しているのです[*76]。イヴ・ドゥラポルトは以下のように実に適切な指摘をしています。ろう者はろう者の世界を築きますが、そこでつねに暮らすことはできません。なぜなら、両親や兄弟・姉妹、子どもといった家族のメンバーは多くの場合、健聴者であるからです。また、同僚や友人も同様です。つまり「ろう者は健聴者の世界に浸りきって生活しており、どんな少数民族もろう者ほど多数派に浸りきったことはない」[*77]。今日では、主たる帰属先がどこであれ、ろう者の世界と健聴者の世界と両方の世界へまったく参加していないろう者に出会うことはほぼありません。ろう者は、関係する文化の規則に従って、少なくとも部分的にであれ、ろう者の世界と健聴者の世界の二つに適応できるよう学習します。また、ほとんどの場合、ろう者の態度、信条、価値観、振る舞いはどちらかの文化に起因しているのですが、その他の側面については、どちらの文化にも属さず、二つの文化を総合しています。

アイデンティティをみると、ろう者は時に長い期間にわたり一人で奮闘し、健聴者のように、ろう者の文化と健聴者の文化のいずれか一つの文化と一体化するか、いずれとも一体化しないか、二つと一体化することを決定します。多くの下位集団があるため、この選択は難しいものです。次のような下位集団が考えられます。内耳器官の蝸牛移植を受けた耳の不自由な人たちで、二つの世界とある程度は強く結びつきがありながらも、二つの世界から締め出されたようにも感じることがある人々の集団や、口語アプローチのみで育ち、あとからろう者の世界や手話を知った人々の集団、後天的にろう者になった人たちで、手話を覚えることやろう者の世界に馴染むことに苦労した人々の集団、ろう者の両親を持つ子どもや通訳者、ろう者の子どもがいる両親、ろう者の友達といった健聴者の集団などがあげられます。このような健聴者は、健聴者の文化寄りではあるものの、確かにバイカルチャーですが、ろう者の文化と健聴者の文化と一体化することに躊躇する人もいます。つまり、このような人たちもまた、健聴者の世界とろう者の世界の構成員なのですが、しかし中には、バイカルチャーの集団に一体化できない人や、そうなる気を失ってしまった人たちもいるのです。

バイリンガル作家

バイリンガルもしくは複言語話者の作家の中には、母語かあるいは子どもの頃に家庭や学校で学んだ言語のうちのどちらかの言語でしか作品を書かない作家がいます。たとえば、アミン・マルーフはアラビア語とフランス語のバイリンガルですが、子どもの頃にレバノンで使用していた言語の一つであるフランス語でしか作品を書きません。コンゴ共和国出身のアラン・マバンクウ（1966–）は、著作をみなフランス語で書いています。アンドレイ・マキーヌ（1957–）は三〇歳までロシアに住んでいましたが、三歳から祖母にフランス語を習ったため、フランス語でしか作品を書いていません。クリスティーヌ・アルノッティ（1930–2015）というハンガリー出身の作家は、フランス語ですべての著作を書いています。この作家の母親は子どもをフランス語によって育てたのです。またタハール・ベン＝ジェルーンはアラビア語とフランス語のバイリンガルですが、フランス語表現の作家です。ベン＝ジェルーンは次のように子どもの頃を回想しています。「私は午前中にフランス語、午後にアラビア語を学びました。このようにして私は二言語への目を開いたのです。三言語と言うべきかもしれません。というのも、家では方言アラビア語を話しており、学校で教えられる古典アラビア語を話していなかったからです[*78]」。なぜベン＝ジェルーンはアラビア語で著述をしないのでしょうか。ベン＝ジェルーンは正確にはアラビア語を操ることができないといいます。「アラビア語で書かないのは、この美しい言語への敬意からです。また、自分の持つものをみなアラビア語では表すことができないように感じています[*79]」。

同様に、成人してから第二言語、第三言語を学び、その言語の作家となった人々もいます。ジョセフ・コンラッド（1857–1924）は、『ロード・ジム』、『密偵』、『ノストローモ』、『チャンス』といった作品を著した英文学の大作家の一人ですが、成人になって学んだ第三言語である英語でいつも著作を書きました。コンラッドはポーランド出身で、ポーランド語とフランス語で育ち、イギリス商船に乗りこんでから英語を学び始めました。成人してから英語を学んだため、コンラッドは生涯にわたり英語になまりが残ったために、公開の場での講演会を避けたそうです。しかし、コンラッドの英語の書きことばは格段に素晴らしいもので、原稿を書きあげるとほとんど修正を必要としませんでした。近年では、アゴタ・クリストフというハンガリー出身の作家がおり、前述のように成人になってからフランス語を学んだのですが、クリストフはスイスに移住するまで触れることのなかった言語であるフランス語で作品を書きました。ヌシャテル大学で授業を受け、スイスに移住してから一二年後にはじめて詩集や戯曲を出版し、続いて短編小説や長編小説を出版しました。いくつになっても言語を習得し、最高のレベルまで習得できるということを証明する必要があるならば、この二人の作家のたどった文学上のあゆみを研究すればよいでしょう。

バイリンガル作家のうち、二言語の両方か、もしくは複言語話者であればそのうちの二言語で作品を書いている作家はごく稀です。アイルランド出身でノーベル文学賞を受賞したサミュエル・ベケットは、『マーフィ』をはじめとする作品で、英語の作家としてキャリアをスタートしました。フランスに移住し、第二次世界大戦中の一時期はレジスタンス運動に参加し、フランス語で作品を書き始め、一九五一年に『モロイ』を出版しました。その後、ベケットは英語かフランス語で作品を発表しては、もう片方の言語に翻訳しました。これは、驚くべきことです。エルザ・トリオレもまた、国を変えたために第二言語へとシフトした作家です。『タヒチで』や『カムフラージュ』といった初期の作品はロシア語で執筆されました。ロシアを離れてしばらく経ってから、特に『こんばんはテレーズ』以降は、フランス語で作品を書きました。ロマン・ガリーは優れた複言語話者で、二回もゴンクール賞を受賞した唯一の作家ですが、たいていは第四言語であるフランス語（他の三言語とはロシア語、ポーランド語、イディッシュ語です）で作品を執筆していました。しかし、一九五〇年代後半にアメリカに滞在した際、『レディL』を英語で書くことにしました。英語は、大戦中にイギリスで自由フランス空軍［第二次大戦期、シャルル・ド・ゴールによる呼びかけに応じ、一九四〇年七月八日に組織されたフランスの空軍］に入営した時から学んだ言語でした。その後、ガリーは多くの作品をはじめから英語で書くことになりました。

第二言語あるいは他の言語によって作家としてのキャリアを続けるか否かの決断については、特にニューヨークのハンター大学教授のエリザベス・ボジュールが研究を進めています[*80]。新しい国へ移住する場合、移住先の言語で作品を書けば必ずや読者は増えます。これは確かにエルザ・トリオレがロシア語で作家生活を始めた後でフランス語で書くようになった一つの要因でした。またバイリンガル作家は、新たに移住した国の言語で作品がどのように翻訳されるかに敏感です。実際のところ、作家が満足するような翻訳は稀です。ミラン・クンデラ（1929–）はフランス語が相当によくできたため、『冗談』の翻訳の状態を知り、困惑したといいます。バイリンガル作家はしばしば翻訳に修正を加えなくてはならないのです。時には自身の作品を翻訳することもありますが、とても辛く骨の折れる作業です。その点について、エリザベス・ボジュールは、「自作を翻訳する地獄」と思い起こしています。ロマン・ガリーも編集者のクロード・ガリマールに宛てて以下のように書いています。「二ヵ月に及ぶ格闘の末、*The Gasp*をフランス語へ翻訳して出版することを諦めました。はっきりとした理由は述べられませんが、この小説をフランス語にすると語りの長所が失われ、陳腐なものになってしまうように思えるのです[*81]」。フランス系アメリカ人のジュリアン・

グリーン（1900–1998）もまた、自分の作品の翻訳を試みた際にフラストレーションを感じ、それを綴っています。アリエル・ドルフマン（1942–）も『南を向いて、北を見る——二言語の旅』を英語からスペイン語へ翻訳した際に、同じようなフラストレーションを感じていたといいます。そして、翻訳した本はもはや同じ本ではなくなってしまったと結論づけています。つまり、作家が移住先の言語で書くのは、移住先での新しい生活を母語では表現しにくいからです（相補性の原理）。こういった理由から、エルザ・トリオレは『カムフラージュ』をフランス語で書くべきであったと何度も述べています。というのも、舞台はフランスで登場人物もフランス語話者だったからです。

ナンシー・ヒューストンはカナダとフランスの二重国籍を持つ作家ですが、二言語で作品を書いたとても珍しいケースです。まず第一言語で作品を書き、次に新たに移住した国の言語に移行する作家とは異なり、反対の手法をとりました。ヒューストンの処女作の『ゴールドベルク変奏曲』は、渡仏八年目に出版されましたが、二番目の言語であるフランス語で書かれました。第一言語である英語で作品を書くためには何年も待たねばならなかったのでした。「私が『作家になったこと』は、本質的にフランス語と結びついています。それは、フランス語が英語より美しい言語であると思っているためでも、表現力に富む言語だと思っているためでもありません。フランス語は外のものであるため、相当に『奇妙で』私の好奇心を刺激するのです」。そして、以下の説明を加えています。「私の思考を奇妙にし、直接性に、つまりコントロールのできないそのままの経験に捕らわれるようなことが絶対にないようにしたかったのです[*82]」。

そこで、『ゴールドベルク変奏曲』を出版した一二年後に、英語でのはじめての作品である『草原讃歌』を書くことを決心したのです。「私は理論のまったくない状態を追及していました。そして、自由でボロ切れのようになった文を作りたかったのです。悲壮なものはもちろんのこと、あらゆる感情の領域を探求し、すぐに理解できるような物語を語りたいと熱望していました。それを信じながら……」[*83]。以降、ナンシー・ヒューストンはどちらかの言語で作品を書き、もう片方の言語に翻訳しています。これはまさに驚くべきことです。数年前に彼女にインタビューをしたとき、ヒューストンは自分を本当のバイリンガルであるとは感じていないと私に打ち明けました。とっさに、私は次のように言い換え、反論しました。「あなたは比類のないバイリンガルですよ」と。二言語で作品を書いているすべてのバイリンガル作家がみな比類なきバイリンガルなのだと、私はその後で考えたのです。

注

1 Tabouret-Keller A., *op. cit.*

2 Laurie S., *Lectures on Language and Linguistic Method in the School*, Cambridge, CUP, 1980, pp. 15-16.

3 Jespersen O., *Nature, évolution et origine du langage*, Payot, 1976, pp. 143-144.

4 Pichon E., *Le développement psychique de l'enfant et de l'adolescent*, Masson, 3e éd., 1965, pp. 102-103.

5 Laurendeau A., « Questions de langue : bilinguisme intégral », *L'Action nationale*, 1(5), 1933, p. 294.

6 Robin É., « Vous pouvez le répéter... Le congrès des instituteurs de Montréal », *L'Action nationale*, 9(2), 1937, p. 120.

7 Tabouret-Keller A., « La question du bilinguisme », *Enfance*, 44(4), 1991, pp. 271-277.

8 Bénisti J., *Sur la prévention de la délinquance*, rapport préliminaire de la Commission du groupe d'études parlementaire sur la sécurité intérieure, Assemblée nationale, 12ᵉ législature, octobre 2004, p. 17 et 9.

9 Moro M. R., *op. cit.*, pp. 123-124.

10 Deprez C., *op. cit.*, p. 20 et 130-132.

11 二〇一四年一月五日付の私信。

12 Moro M. R., *op. cit.*, p. 145.

13 Hagège C., *op. cit.*, pp. 222-223.

14 Huston N., *op. cit.*, p. 53.

15 Py B. et Gajo L., « Bilinguisme et plurilinguisme », in Simonin J. et Wharton S. (dir.), *Sociolinguistique du contact : Dictionnaire des termes et des concepts*, Lyon, ENS Éditions, 2013.

16 Deprez C., *op. cit.*, p. 20.

17 Abdelilah-Bauer B., *op. cit.*, pp. 49-56.

18 Pernoud L., *J'élève mon enfant*, Horay, 2012, pp. 311-313.

19 Vildomec V., *Multilingualism*, Leyden, A. W. Sijthoff, 1963.

20 Grosjean F., *op. cit.*, 1982.

21 Weinreich U., *Languages in Contact*, La Haye, Mouton, 1968.

22 Grosjean F., *op. cit.*, 1982. を参照。

23 Hamers J. et Blanc M., *op. cit.*

24 Sanson C., « Le bilan psychologique bilingue : Évaluation du langage chez l'enfant en situation de bilinguisme », *Le journal des psychologues*, 249, 6, 2007, pp. 58-61. DOI 10.3917/jdp.249.0058.

25 Kelley V., "The reading abilities of Spanish and English speaking pupils", *The journal of Educational Research*, 29(3), 1935, pp. 209–211.

26 Tireman L., "The bilingual child and his reading vocabulary", *Elementary English*, 32(1), 1955, pp. 33–35.

27 Macnamara J., *Bilingualism and Primary Education*, Edinburgh University Press, 1966.

28 Saer D. "The effect of bilingualism on intelligence", *British Journal of Psychology*, 14(1), 1923, pp. 25–38.

29 Jones W. et Stewart W., "Bilingualism and verbal intelligence", *British Journal of Statistical Psychology*, 4(1), 1951, pp. 3–8.

30 Peal E. et Lambert W., "The relation of bilingualism to intelligence", *Psychological Monographs*, 76, 1962, pp. 1–23.

31 Ianco-Worrall A. "Bilingualism and cognitive development", *Child Development*, 43, 1972, pp. 1390–1400.

32 Ben-Zeev S., "The influence of bilingualism on cognitive strategy and cognitive development", *Child Development*, 48, 1977, pp. 1009–1018.

33 Swain M. et Cummins J., "Bilingualism, cognitive functioning and education", *Language Teaching and Linguistics: Abstracts*, 12, 1979, pp. 4–18.

34 Peal E. et Lambert W., art. cit.

35 McLaughlin B., *Second-Language Acquisition in Childhood*, Hillsdale, NJ, Lawrence Erlbaum Associates, 1978, p. 206.

36 Bialystok E. et Feng X., "Language proficiency and its implications for monolingual and bilingual children", in Durgunoglu A. et Goldenberg C. (éds.), *Dual Language Lerners: The Development and Assessment of Oral and Written Language*, New York, Guilford Press, 2010, pp. 121–138.

37 Pearson B. Z. et Fernández S., art.cit.

38 Poulin-Dubois D., Bialystok E., Blaye A., Polonia A. et Yott J., "Lexical access and vocabulary development in very young bilinguals", *International Journal of Bilingualism*, 17, 1, 2013, pp. 57-70.

39 Bialystok E., Luk G., Peets K. et Yang S., "Receptive vocabulary differences in monolingual and bilingual children", *Bilingualism: Language and Cognition*, 13(4), 2010, pp. 525-531.

40 Craik F. et Bialystok E., « Les effets du bilinguisme sur le vieillissement cognitif », in Brouillet D. (dir.), *Le vieillissement cognitif normal*, De Boeck, 2010.

41 Gombert J.-E., « Activités métalinguistiques et acquisition d'une langue » *Aile* (*Acquisition et interaction en langue étrangère*), 8, 1996, pp. 41-55.

42 Bialystok E. et Senman L., "Executive processes in appearance-reality tasks: The role of inhibition of attention and symbolic representation", *Child Development*, 75, 2004, pp. 562-579.

43 Craik F. et Bialystok E., art. cit.

44 *Ibid.*

45 Bialystok E., Peets K. et Moreno S., "Producing bilinguals through immersion education: Development of metalinguistic awareness", *Applied Psycholinguistics*, 2012, pp. 1-15. DOI 10.1017/S0142716412000288.

46 Nicolay A.-C. et Poncelet M. "Cognitive advantage in children enrolled in a second-language immersion elementary school program for three years", *Bilingualism: Language and Cognition*, 16(3), 2013, pp. 597-607. DOI 10.1017/S1366728912000375.

47 Soffietti J. "Bilingualism and biculturalism", *The Modern Language Journal*, 44, 6, pp. 275-277.

48 Virole B., *Psychologie de la surdité*, Bruxelles, De Boeck Université, 2000.

49 Delaporte Y., *Les sourds, c'est comme ça*, Maison des sciences de l'homme, 2002.

50 Luna D., Ringberg T. et Peracchio L., "One individual, two identities: Frame switching among

biculturals", *Journal of Consumer Research*, 35(2), 2008, pp. 279–293.

51 Grosjean F., « Quelques réflexions sur le biculturalisme », *Pluriel*, 36, 1983, pp. 81–91.

52 Nguyen A.-M. & Benet-Martínez V., "Biculturalism unpacked: Components, measurement, individual differences, and outcomes", *Social and Personality Psychology Compass*, 1, 2007, pp. 101–114.

53 以降、二つの文化について扱っていきますが、ここで提案することは二つ以上の文化に日常的に参加している人にも適用します。

54 Hamers J. et Blanc M. *op. cit.*, p. 25.

55 Delaporte Y. *op. cit.* から例を借用。

56 Maalouf A., *Les identités meurtrières*, Grasset, 1998, p. 46.

57 Tadmor C., Galinsky A. et Maddux W., "Getting the most out of living abroad: Biculturalism and integrative complexity as key drivers of creative and professional success", *Journal of Personality and Social Psychology*, 103, 3, 2012, pp. 520–542.

58 あいまいな状況が書かれたデッサンを見て行うこのＴＡＴタスク（主題統覚検査：Thematic Apperception Test）をしたところ、態度や感情、モチベーションなど自らの性格に関する側面が、実験参加者のコメントに反映されていました。

59 Ervin S., "Language and TAT content in bilinguals", *Journal of Abnormal and Social Psychology*, 68, 1964, pp. 500–507.

60 Ervin S., "An analysis of the interaction of language, topic and listener", in Gumperz J. et Hymes D. (éds.), *The Ethnography of Communication*, numéro special de *American Anthropologist*, 66, 1964, 2e partie, pp. 86–102.

61 Luna D., Ringberg T. et Peracchio L., art. cit., pp. 279–293.

62 Grosjean F., *op. cit.*, p. 1982.

63 Huston N., *op. cit.*, p. 34.

64 Maalouf A., *op. cit.*, p. 11.

65 フランスの公的統計には「移民」というカテゴリーがあります。「移民」のカテゴリーのほかには「フランス人」と「外国人」という二つのカテゴリーがあります。「移民」のカテゴリーには多くの人々が含まれますが、フランス国籍の有無を問わず、外国生まれであり現在フランスに住んでいる人々を指します。二〇〇八年には、帰化や結婚などの理由により、移民のおよそ半数にあたる五三〇万人がフランス国籍を有していました。公文書には、移民の身分は変わることがないと記載されています。INSEEのサイト内にある「移民」の項目には、ある人がフランス国籍に帰化したとしても、その人はその後も移民のカテゴリーに属すると記されています（二〇一二年時点）。

66 Maalouf A., *op. cit.*, p. 9.

67 Moro M. R., *op. cit.*, p. 199.

68 *Ibid.*, p. 183.

69 Ben Jelloun T., « Lettre au président de la République », *Le Monde*, 二〇一〇年九月四日。

70 以下の例を参照，Erard M., *Babel no More: The Search of the World's Most Extraordinary Language Learners*, New York, Free Press, 2012.

71 第3章では子どもの通訳者について言及しています。

72 Grosjean F., "The bilingual individual", *Interpreting*, 2(1/2), 1997, pp. 163-187.

73 *Psychology today* サイト内のブログ "Life as a bilingual" の "Those incredible interpreters" を参照のこと（英語のみ）。

74 Grosjean F., "Linguistic traps await deep-cover spies", *The Guardian*, 二〇一〇年七月一三日（インタネット上で閲覧可能）。

75 Grosjean F., « Bilinguisme, biculturalisme et surdité », in Gorouden A. et Virolle B. (dir.), *Le Bilinguisme aujourd'hui et demain*, éditions du CTNERHI, 2004, pp. 51-70.

76 Grosjean F., « La personne biculturelle: un premier aperçu », in Gorouden A. et Virolle B.

(dir.), *Contacts sourds-entendants*, 2, 2007, pp. 17–44.

77 Delaporte Y., *op. cit.*, p.149.

78 Ben Jellom T., « Les langues françaises », *Chroniques* インターネット上で入手可能, 2012.

79 Ben Jellom T., « Suis-je un écrivain arabe ? », *Chroniques* インターネット上で入手可能, 2004.

80 Beaujour E., *Alien Tongues: Bilingual Writers of the « First » Emigration*, Ithaca, N.Y., Cornell University Press, 1989.

81 この手紙は Myriam Anissimov, *Romain Gary, le caméléon*, Denoël, 2004, p. 744. の中に掲載されたものである。

82 Huston N. et Sebbar L. *Lettres parisiennes: Histoire d'exil*, J'ai lu, 1986, p. 14 et 212.

83 Huston N., *op. cit.*, p. 50.

結論

この本を、これからバイリンガルになると思う、幼いイスマエルに捧げます。イスマエルが生まれた時に、私はこの子に、私なりにバイリンガリズムとバイカルチュラリズムについて本書で書きたかったことを反映した一通の手紙を書きました。[*1] これからバイリンガルになりたいすべての人がバイリンガルになることができるよう、またすでに二言語やそれ以上の言語で暮らしているすべての人がバイリンガルの道を続けていくことができるよう、あらゆるバイカルチャーの人がありのままに受け入れられるよう期待しつつ、結論としてここにそれを再録します。アミン・マルーフはこれについて「すべての人にとって、おだやかに自分のさまざまな帰属を生きていけることが、自分自身の開花には重要なのである……」[*2] とはっきりと書いているのです。

いとしい坊やへ

いつの日か、君が生まれてしばらくしたら、この手紙を読むだろうと思います。両親、親戚、親しい友人などたくさんの人が君の誕生を祝い、君が私たちの仲間に加わることを喜んでいます。私たちは繊細で美しい君の表情に魅了され、君が目覚めていようと、眠っていようと、絶えず見とれているのです。

前回訪れた時、感動しながら君をじっと見つめ、君の人生の大半は言語と文化によって作り上げられるだろうと思いました。君のお母さんは韻律の異なる二言語を話します。そのため、君は生まれる前からそれらを聞き取れるようになっていることと思います。生まれて最初の数年は、同時に二言語を習得し始めるでしょう。君のお父さんとその家族はそのうちの一言語で君に話しかける。そして、君のお母さんとその家族はもう一つの言語を使います。バイリンガリズムとバイカルチュラリズムが君の人生の一部を作るのです。

君はモノリンガルの子どもたちと同じリズムで言語習得の段階をたどると思います。片言から喃語へ、そして音節から単語をたどって、やがて最初の文章を話すようになる。発音が簡単ないくつかの音や音節は他のものより早く現れます。初語のうち、いくつかは意味の過剰拡張によって特徴づけられます。また、初期の文章の構造は単純なものに違いありません。他の子どもたちとの大きな違いは、君の言語習得は、世界中に何万人といる同時的バイリンガルの他の幼い子どもたちのように、二言語で行なわれることです。

君の両親と親戚の人たちは、君を定期的にモノリンガルの環境に置くことで、それぞれの言語の供給のバランスが取れるよう気をつけるでしょう。最初の数年に二言語のうちの一言語がもう片方の言語より使用される場合、その言語が優勢になると思います。音はずっとすぐに分離され、語彙はより広がり、文章構造はより多く、より複雑になります。さらに、優勢言語はより頻繁な干渉やコード・スイッチングを通して、もう一つの言語に影響を与えます。しかし、この状況は環境の変化や新たな言語配分によってすぐに修正されるものです。そのため、より劣勢な言語は、もう一つの言語とのバランスを見つけるか、または優勢になるまで、より頻繁に話されます。君は実に早いスピードで、どんな状況で、どの人と、どちらの言語を使用しなければならないかを学ぶのです。君は必要な言語を用いることのできる、いわば管理人です。そして、君の話し相手が不適当な言語を使うならば、時には途方にくれ、いらだつこともあるでしょう。

それから数年たつと、君は自分の言語で遊び始めます。言語と話し手との間に存在する非常に強い結びつき、幼かった頃には保とうとしたつながりにわざと背きます。遊びながら不適切な言語を使い、周りの人の反応を見るために別の言語をわざと混ぜてみせます。君はいくつかの慣用表現を直訳してみせてからかったり、笑わせたり、また二言語のうちの一言語を普段ならしないようななまりで話したりすることもあるでしょう。

君の何人かの友だちは二番目の言語を君よりも遅く習得するでしょうが、君が気づくことはほとんどありません。というのも、実際のところ、人は何歳からでもバイリンガルになれるからです。そして、高い選択的注意や新たな規則に最大限に適応する能力、高度なメタ言語操作などのバイリンガリズムの恩恵は、君にとっても、また継続的バイリンガリズムの友だちにとっても同じなのです。
君の両親や祖父母は異なる文化の出身なので、君はすぐにバイカルチャーの人になるでしょう。君はそれぞれの文化の異なる側面を組み合わせ、統合しながら、両方の文化に適応し、両方を行き来することを学びます。皆が君のバイカルチャーのアイデンティティを受け入れてくれるように。また一つの文化を犠牲にしてもう一つの文化を選ぶよう強制しないように願わなくてはなりません。両方の文化に属する一員として、君はただちにこれら二つの文化間の仲介者になるでしょう。

バイリンガリズムとバイカルチュラリズムのために何かのフラストレーションを感じる時もたぶんあると思います。人と違うと思われないために、一つの言語を使うのをためらう時もあるかもしれない。君の文化のルーツについて好意的な指摘をする人がいる一方で、君がどういう人間なのか分かってくれない人がいるかもしれない。まず口頭ですっかりマスターした言語を読んだり書いたりするのに少し苦労することもあるでしょう。しかし、そのように悩む時にも君と共に歩み、必要とあらば君を励ますために、両親と家族はいつもそこにいます。

どうか言語と文化のルーツに誇りを持ち、君の持つ複数の言語と文化を大切なものと考えるように。私は、君のバイリンガリズムとバイカルチュラリズムを見るといつも驚くばかりだ。そして、私は常に、人として、あるいは書物を通して、これから現われる挑戦に立ち向かう君をできる限り助けるために、ここにいるのです。

ようこそ、いとしい坊や……これからの人生が君のかわいい顔を優しくなでるように！

注

1　「バイリンガルとして生まれる——私の初孫への手紙」というタイトルで、二〇一二年一一月一二日付のハフィントン・ポストのサイトにて発表。

2　Maalouf A., *o.p.*, p. 184.

参考文献

Abdelilah-Bauer B., *Guide à l'usage des parents d'enfants bilingues*, La Découverte, 2012.

Abutalebi J. et Green D., "Control mechanisms in bilingual language production: Neural evidence from language switching studies", *Language and Cognitive Processes*, 23, 2008,

Académie française, *Dictionnaire de l'Académie française*, Imprimerie nationale, Fayard, 9e édition, 1992.

Anissimov M., *Romain Gary, Le caméléon*, Denoël, 2004.

Arrighi J.-M., « Langue corse : situation et débats », *Ethnologie française*, 38(3), 2008.

Auffret-Pericone M., « Marie Rose Moro, au chevet des adolescents », *La Croix*, 4 février 2011.

Beaujour E., *Alien Tongues: Bilingual Writers of the « First » Emigration*, Ithaca, N.Y., Cornell University Press, 1989.

Bénisti J., *Sur la prévention de la délinquance, rapport préliminaire de la Commission du groupe d'études parlementaire sur la sécurité intérieure*, Assemblé nationale, 12e législature, octobre 2004.

Ben Jellom T., « Suis-je un écrivain arabe ? », *Chroniques*, 2004.

Ben Jelloun T., « Lettre au président de la République », *Le Monde*, le 4 septembre 2010.

Ben Jellom T., « Les langues françaises », *Chroniques*, 2012.
Bennani J. (dir.), *Du bilinguisme*, Denoël, 1985.
Bensekhar-Bennabi M., « La bilingualité des enfants de migrants face aux enjeux de la transmission familiale », *Enfances & Psy*, 47(2), 2010. DOI 10.3917/ep.047.0055.
Bentahila A. et Davies E., "The syntax of Arabic-French codeswitching", *Lingua*, 59, 1983.
Bentahila A. et Davies E., "Patterns of code-switching and patterns of language contact", *Lingua*, 96, 1995.
Ben-Zeev S., "The influence of bilingualism on cognitive strategy and cognitive development", *Child Development*, 48, 1977.
Bialystok E. et Senman L., "Executive processes in appearance-reality tasks: The role of inhibition of attention and symbolic representation", *Child Development*, 75, 2004.
Bialystok E. et Feng X., "Language proficiency and its implications for monolingual and bilingual children", in Durgunoglu A. et Goldenberg C. (éds.), *Dual Language Learners: The Development and Assessment of Oral and Written Language*, New York, Guilford Press, 2010.
Bialystok E., Luk G., Peets K. et Yang S., "Receptive vocabulary differences in monolingual and bilingual children", *Bilingualism: Language and Cognition*, 13(4), 2010.
Bialystok E., Peets K. et Moreno S., "Producing bilinguals through immersion education: Development of metalinguistic awareness", *Applied Psycholinguistics*, 2012. DOI 10.1017/S0142716412000288.
Bloomfield L., *Le Langage*, Payot, 1970. (三宅鴻・日野資純 訳『言語』大修館書店)
Boukous A., « Bilinguisme, diglossie et domination symbolique », in Bennani J. (dir.), *Du bilinguisme*, Denoël, 1985.
Bunta F. and Douglas M., "The effects of dual-language support on the language skills of bilingual children with hearing loss who use listening devices relative to their monolingual peers", *Language, Speech, and Hearing Services in Schools*, 44, 2013.
Burling R., "Language development of a Garo and English speaking child", in Hatch E. (ed.), *Second Language Acquisition*, Rowley, Mass., Newbury House, 1978.

Caldas S. and Caron-Caldas S., "A sociolinguistic analysis of the language preferences of adolescent bilinguals: Shifting allegiances and developing identities", *Applied Linguistics*, 23, 2002.

Candelier M. (dir.), *L'Éveil aux langues à l'école primaire*, Bruxelles, De Boeck Supérieur, 2003.

Chávez-Silverman S., Killer Crónicas : Bilingual Memories, Madison, University of Wisconsin Press, 2004.

Cheng F., « Le cas du chinois », in Bennani J. *et al.*, *Du bilinguisme*, Denoël, 1985.

Clanché F., « Langues régionales, langues étrangères : de l'héritage à la pratique », Insee Première, 830, février 2002.

Clyne M., *Transference and Triggering*, La Haye, Marinus Nijhoff, 1967.

Commission européenne, *Les Européens et leurs langues*, enquête commandée par la Commission européenne et menée par TNS Opinion & Social, 2012.

Condon S. et Régnard C., « Héritage et pratiques linguistiques des descendants d'immigrés en France », *Hommes et migrations*, 1288(6), 2010.

Couëtoux-Jungman F., Wendland J., Aidane E., Rabain D., Plaza M. et Lécuye R., « Bilinguisme, plurilinguisme et petite enfance », *Devenir*, 22(4), 2010. DOI 10.3917/dev.104.0293.

Craik F. et Bialystok E., « Les effets du bilinguisme sur le vieillissement cognitif », in Brouillet D. (dir.), *Le Vieillissement cognitif normal*, De Boeck, 2010.

Cummins J., "BICS and CALP: Empirical and theoretical status of the distinction", in Street B. et Grosjean F., « Né pour être bilingue : Lettre à mon premier petit-enfant », site du *Huffington Post*, le 12 novembre 2012.

Cummins J., « L'éducation bilingue : qu'avons-nous appris de cinquante ans de recherche ? », in Verandun J., Nocus I. et Salaün M. (dir.), *Actes du colloque « École plurilingue »*, Presses universitaires de Rennes, 2013.

Cutler A., Mehler J., Norris D., et Segui J., "The monolingual nature of speech segmentation by bilinguals", Cognitive Psychology, 2, 1992.

Davies E. et Bentahila A., "Code switching as a poetic device: Examples from rai lyrics", *Language & Communication*, 28, 2008, pp. 1–20.

De Houwer A., "Trilingual input and children's language use in trilingual families in Flanders", in C. Hoffmann and Ytsma J. (eds.), *Trilingualism in the Individual, Family and Society*, Clevedon, Multilingual Matters, 2004.

De Houwer A., "Parental language input patterns and children's bilingual use", *Applied Psycholinguistics*, 28, 2007.

Delaporte Y., *Les sourds, c'est comme ça*, Maison des sciences de l'homme, 2002.

Deprez C., *Les enfants bilingues*, Crédif-Didier, 1994.

Dubois J. (dir.), *Dictionnaire du français contemporain*, Larousse, 1966.

Ervin S., "An analysis of the interaction of language, topic and listener", in Gumperz J. et Hymes D. (éds.), *The Ethnography of Communication, numéro special de American Anthropologist*, 66, 1964, 2e partie.

Ervin S., "Language and TAT content in bilinguals", *Journal of Abnormal and Social Psychology*, 68, 1964.

Fantini A., "Bilingual behavior and social cues: Case studies of two bilingual children", in M. Paradis (éd.), *Aspects of Bilingualism*, Columbia, S.C., Hornbeam, 1978.

Flege J., Munro M. et MacKay I., "Effects of age of second language learning on the production of English consonants", *Speech Communication*, 16, 1995.

Galloway L., "Language impairment and recovery in polyglot aphasia: A case study of a hepta-lingual", in Paradis M. (éd.), *Aspects of Bilingualism*, Columbia, S.C., Hornbeam, 1978.

Gajo L., Luscher J.-M. et Serra C., « Enseignement bilingue et évaluation : réflexions sur la conception de tests de niveaux », *Le français dans le monde, Recherches et applications*, 53, 2012.

Gentilhomme Y., « Expérience autobiographique d'un sujet bilingue russe-français : Prolégomènes théoriques », *Third International Conference on Languages in Contact*, Justus-Liebig University, Giessen, Allemagne, 1980.

Gérard M., « Sur le chemin, un inédit de Jack Kerouac écrit en français », *Le Monde*, 8 septembre 2008.

Gombert J.-E., « Activités métalinguistiques et acquisition d'une langue », *Aile* (*Acquisition et interaction en langue étrangère*), 8, 1996.

Gonac'h J. et Leconte F., « Les contacts de langues chez les jeunes d'origine turque en France », *Langues et cité*, 16, 5, 2010.

Grosjean F., *Le comportement verbal des bilingues dans le langage quotidien*, mémoire de maîtrise rédigé en collaboration avec Dounia Fourescot-Barnett, sous la direction du Pr. Antoine Culioli, Institut d'anglais, université de Paris. 1968.

Grosjean F., *Life with Two Languages: An Introduction to Bilingualism*, Harvard University Press, 1982.

Grosjean F., « Quelques réflexions sur le biculturalisme », *Pluriel*, 36, 1983.

Grosjean F., "The bilingual as a competent but specific speaker-hearer", *Journal of Multilingual and Multicultural Development*, 6, 1985.

Grosjean F. et Py B., « La restructuration d'une première langue : l'intégration de variantes de contact dans la compétence de migrants bilingues », *La Linguistique*, 27, 1991.

Grosjean F., "The bilingual individual", *Interpreting*, 2 (1/2), 1997.

Grosjean F., "Studying bilinguals: Methodological and conceptual issues", *Bilingualism: Language and Cognition*, 1, 1998.

Grosjean F., « Bilinguisme, biculturalisme et surdité », in Gorouden A. et Virolle B. (dir.), *Le Bilinguisme aujourd'hui et demain*, éditions du CTNERHI, 2004.

Grosjean F., « La personne biculturelle : un premier aperçu », in Gorouden A. et Virolle B. (dir.), *Contacts sourds-entendants*, 2, 2007.

Grosjean F., "Manipulating language mode", chapitre 5 de Grosjean F., *Studying Bilinguals*, Oxford University Press, 2008.

Grosjean F., *Bilingual: Life and Reality*, Cambridge, MA, Harvard University Press, 2010.

Grosjean F., "Linguistic traps await deep-cover spies", *The Guardian*, 13 July 2010.

Grosjean F., "An attempt to isolate, and then differentiate, transfer and interference", *International Journal of Bilingualism*, 16 (1), 2012.

Grosjean F., "The complementarity principle and its impact on processing, acquisition and dominance", in Treffers-Daller J. et Silva Corvalan C. (éds.), *Language Dominance in Bilinguals: Issues of Measurement and Operation-*

alization, Cambridge University Press, à paraître.

Hagège C., *L'enfant aux deux langues*, Odile Jacob, 1996.

Harris B. and Sherwood B., "Translating as an innate skill", in Gerver D. and Sinaiko H. W. (eds.), *Language Interpretation and Communication*, New York, Plenum, 1978.

Hornberger N. (éds.), *Encyclopedia of Language and Education*, vol. 2: Literacy, New York, Springer Science, 2008.

Hamers J. et Blanc M., *Bilingualité et bilinguisme*, Bruxelles, Pierre Mardaga, 1983.

Hélot C., « De la notion d'écart à la notion de continuum, Comment analyser le caractère inégalitaire du bilinguisme en contexte scolaire ? », in Hélot C., Hoffmann E., Scheidhauer M.-L. et Young A., *Écarts de langue, écarts de culture, À l'école de l'Autre*, Francfort, Peter Lang, 2006.

Héran F., Filhon A. et Deprez C., « La dynamique des langues en France au fil du XXe siècle », *Population et sociétés*, 376, 1-4, 2002.

Hoffman G., « Puerto Ricans in New York: A language-related ethnographic summary », in Fishman J., Cooper R. et Ma R. (éds.), *Bilingualism in the Barrio*, Bloomington, Indiana University Press, 1971.

Huston N. et Sebbar L., *Lettres parisiennes : Histoire d'exil*, J'ai lu, 1986. (2e édition 2006)

Huston N., *Nord perdu*, Actes Sud, 1999.

Jaccard R. et Cividin V., *Le Principe de complémentarité chez la personne bilingue : le cas du bilinguisme français-italien en Suisse romande*, mémoire de diplôme d'orthophonie, université de Neuchâtel, 2001.

Ianco-Worrall A. "Bilingualism and cognitive development", *Child Development*, 43, 1972.

Jespersen O., *Nature, évolution et origine du langage*, Payot, 1976.（三宅鴻 訳『言語――その本質・発達・起源』、岩波文庫、1981年）

Jones W. et Stewart W., "Bilingualism and verbal intelligence", *British Journal of Statistical Psychology*, 4(1), 1951.

Kelley V., "The reading abilities of Spanish and English speaking pupils", *The Journal of Educational Research*, 29 (3), 1935.

Kinzel P., *Lexical and Grammatical Interference in the Speech of a Bilingual Child*, Seattle, University of

Washington Press, 1964.

Kohl M., Beauquier-Maccota B., Bourgeois M., Clouard C., Dondé S., Mosser A., Pinot P., Rittori G., Vaivre-Douret L., Golse B. et Robel L., « Bilinguisme et troubles du langage chez l'enfant : étude rétrospective », *La psychiatrie de l'enfant*, 51(2), 2008. DOI 10.3917/psye.512.0577.

Kuhl P., Tsao F.-M. and Liu H.-M., "Foreign-language experience in infancy: Effects of short-term exposure and social interaction on phonetic learning", *Proceedings of the National Academy of Sciences of the United States of America*, 100(15), 2003.

Lachapelle R. et Lepage J.-F., *Les Langues au Canada : recensement de* 2006, Gatineau, Québec, Patrimoine canadien et Statistique Canada, 2010.

Lanza E., *Language Mixing in Infant Bilingualism: A Sociolinguistic Perspective*, Oxford University Press, 2004.

Laurendeau A., « Questions de langue : bilinguisme intégral », *L'Action nationale*, 1(5), 1933.

Laurie S., *Lectures on Language and Linguistic Method in the School*, Cambridge, CUP, 1980.

Lebrun Y., « L'aphasie chez les polyglottes », *La Linguistique*, 18(1), 1982.

Leconte F., « Les langues africaines en France », in Extramiana C. et Sibille J. (dir.), *Migrations et plurilinguisme en France, Cahiers de l'Observatoire des pratiques linguistiques*, 2, Didier, 2008.

Littré, *Dictionnaire de la langue française, Versailles, Encyclopædia Britannica*, 1996.

Luna D., Ringberg T. et Peracchio L., "One individual, two identities: Frame switching among biculturals", *Journal of Consumer Research*, 35(2), 2008.

Lüdi G. et Py B., *Être bilingue*, Berne, Peter Lang, 2002.

Maalouf A., *Les Identités meurtrières*, Grasset, 1998.

Mackey W., "The description of bilingualism", in Fisman J. (éd.), *Readings in the Sociology of Language*, La Haye, Mouton, 1968.

Macnamara J., *Bilingualism and Primary Education*, Edinburgh University Press, 1966.

Marinova-Todd S., Marshall D. B. and Snow C., "Three misconceptions about age and L2 learning", *TESOL Quar-*

terly, 34(1), 2000.

Martel P., « L'école et les langues régionales, aperçu historique », *Les langues modernes*, 104, 4, 13-20, 2010.

McLaughlin B., *Second-Language Acquisition in Childhood*, Hillsdale, NJ, Lawrence Erlbaum Associates, 1978.

Meillet A., « Sur une période de bilinguisme en France », *Comptes rendus des séances de l'Académie des inscriptions et belles-lettres*, 75, 1, 1931.

Monteil C., « Le créole encore très largement majoritaire », Économie de La Réunion, 137, 2010.

Moro M. R., *Nos enfants demain*, Odile Jacob, 2010.

Nguyen A.- M. & Benet-Martínez V., "Biculturalism unpacked: Components, measurement, individual differences, and outcomes", *Social and Personality Psychology Compass*, 1, 2007.

Nicolay A.-C. et Poncelet M. "Cognitive advantage in children enrolled in a second-language immersion elementary school program for three years", *Bilingualism: Language and Cognition*, 16(3), 2013. DOI 10.1017/S1366728912000375.

Ottavi P., « "U corsu" à l'école et dans la rue : entre visibilité, promotion et reflux », *Langage et société*, 142, 4, 2012.

Paradis J., Crago M. et Bélanger C., « Le développement langagier bilingue chez les enfants : incidence sur l'évaluation du trouble primaire du langage », *Fréquences*, 17, 3, 2005.

Paul L., Simons G. et Fennig C. (éds.), *Ethnologue: Languages of the World*, 17e édition, Dallas, Texas SIL International, 2013. http://www.ethnologue.com.

Peal E. et Lambert W., "The relation of bilingualism to intelligence", *Psychological Monographs*, 76, 1962.

Pearson B. Z. and Fernández S., "Patterns of interaction in the lexical growth in two languages of bilingual infants and toddlers", *Language Learning*, 44, 1994.

Pernoud L., *J'élève mon enfant*, Horay, 2012.

Pichon E., *Le développement psychique de l'enfant et de l'adolescent*, Masson, 3e éd., 1965.

Poplack S., « Conséquences linguistiques du contact des langues : un modèle d'analyse variationniste », *Langage et société*, 43, 1988.

Poulin-Dubois D., Bialystok E., Blaye A., Polonia A. et Yott J., "Lexical access and vocabulary development in very young bilinguals", *International Journal of Bilingualism*, 17, 1, 2013.

Py B. et Gajo L., « Bilinguisme et plurilinguisme », in Simonin J. et Wharton S. (dir.), *Sociolinguistique du contact : Dictionnaire des termes et des concepts*, Lyon, ENS Editions, 2013.

Rey (sous la dir. d'A.), *Le grand Robert de la langue française*, Le Robert, 2001.

Rezzoug D., Plaën S. de, Bensekhar-Bennabi M. et Moro M. R., « Bilinguisme chez les enfants de migrants, mythes et réalités », *Le Français aujourd'hui*, 158(3), 2007. DOI 10.3917/lfa.158.0058.)

Robin E., « Vous pouvez le répéter... Le congrès des instituteurs de Montréal », *L'Action nationale*, 9(2), 1937.

Rodriguez R., « Souvenirs d'une enfance bilingue », *Communications*, 43, 1986, traduit de l'anglais par Nancy Huston. DOI 10.3406/comm.1986.1649.

Ronjat J., *Le développement du langage observé chez un enfant bilingue*, Honoré Champion, 1913.

Rubin J., *National Bilingualism in Paraguay*, La Haye, Mouton, 1968.

Saer D., "The effect of bilingualism on intelligence", *British Journal of Psychology*, 14(1), 1923.

Sanson C., « Le bilan psychologique bilingue : Evaluation du langage chez l'enfant en situation de bilinguisme », *Le Journal des psychologues*, 249, 6, 2007. DOI 10.3917/jdp.249.0058.

Schweda N., "Bilingual education and code-switching in Maine", *Linguistic Reporter*, 23, 1980,

Scotton C. et Ury W., "Bilingual strategies: The social functions of code-switching", *Linguistics*, 193, 1977.

Scotton C., "Codeswitching as a "safe choice" in choosing a lingua franca", in McCormack W. et Wurm S. (éds.), *Language and Society*, La Haye, Mouton, 1979.

Soffietti J., "Bilingualism and biculturalism", *The Modern Language Journal*, 44, 6.

Swain M. et Cummins J., "Bilingualism, cognitive functioning and education", *Language Teaching and Linguistics*: Abstracts, 12, 1979.

Tabouret-Keller A., « La question du bilinguisme », *Enfance*, 44(4), 1991.

Tabouret-Keller A., *Le bilinguisme en procès, cent ans d'errance* (1840–1940), Limoges, Lambert-Lucas, 2011.

Tadmor C., Galinsky A. et Madduc W., "Getting the most out of living abroad: Biculturalism and integrative complexity as key drivers of creative and professional success", *Journal of Personality and Social Psychology*, 103, 3, 2012.

Tireman L., "The bilingual child and his reading vocabulary", *Elementary English*, 32(1), 1955.

Todd O., *Carte d'identités*, Plon, 2005.

Todorov T., « Bilinguisme, dialogisme et schizophrénie », in Bennani J. (dir.), *Du bilinguisme*, Denoël, 1985.

Valdés G., *Expanding Definitions of Giftedness: The Case of Young Interpreters from Immigrant Communities*, Mahwah, N.J., Lawrence Erlbaum, 2003.

Vildomec V., *Multilingualism*, Leyden, A. W. Sijthoff, 1963.

Virole B., *Psychologie de la surdité*, Bruxelles, De Boeck Université, 2000.

Walter H., *Aventures et mésaventures des langues de France*, Champion Classiques, 2012.

Weinreich U., *Languages in Contact*, La Haye, Mouton, 1968.

Wolff A. et Gonthier J., *La langue française dans le monde* 2010, OIF-Nathan, 2010.

Wong Fillmore L., "Second-language learning in children: A model of language learning in context", in Bialystok E. (éd.), *Language Processing in Bilingual Children*, Cambridge University Press, 1991.

Yip V., "Simultaneous language acquisition", in Grosjean F. and Li P. (eds), *The Psycholinguistics of Bilingualism, Malden*, MA & Oxford, Wiley-Blackwell, 2013.

Café Bilingue, http://www.cafebilingue.com.

Éduscol, http://eduscol.education.fr

監訳者あとがき

本書はフランソワ・グロジャン『バイリンガルの世界へようこそ——複数言語を話すこと』（原題：さまざまな言語を話すこと——バイリンガルの世界）François Grosjean（2015）, *Parler plusieurs langues - le monde des bilingues*, Albin Michel. の全訳です。これはグロジャンの初めての翻訳ですので、まず著者を紹介し、その後で、本書の特色をいくつか振り返りたいと思います。

フランソワ・グロジャンについて

グロジャンは一九四六年に、フランス人の父とイギリス人の母のもと、パリに生まれました。父親のロジェ・グロジャン（1920-1975）は、第二次世界大戦中にドゴール将軍がイギリスで指揮する自由フランスに合流するため、ドイツ軍に協力し二重スパイを務めた人物でした。戦後になると考古学研究へと進み、コルシカの先史時代を研究し、優れた業績を残しました。一方、母親のアンジエラ・シップウエイ＝プラッツはパリに活躍していたイギリス人モデルで、モデルのかたわらイギリスの諜報活動に従事しており、ロジェ・グロジャンに対する監視を行っていたようです。ドイツ軍のもとでスパイを務めるフランス人とイギリス人モデルのスパイが出会い、恋に陥ったのですが、そのフランス人スパイは自由フランスの二重スパイだったのです。まるでジェームス・ボンドの映画を思わせるような逸話です。息子のフランソワ・グロジャンは、二人の関係も含めた父親の評伝を著し、戦時下の両親の活動を明らかにするとともに、考古学者としての父親の事績も顕彰しました（Grosjean 2011, 2016）。

フランソワ・グロジャンはフランス人の父親とイギリス人の母親を持つことから、現在であれば、イギリスとフランスの二重国籍を所持できたのですが、その時代は母親がイギリス人の場合、子どもがイギリス国籍を獲得することはできませんでした。そこで、グロジャンはフランス人として育てられました。またグロジャンの母親はイギリス人であるにもかかわらず、家庭ではフランス語を話していたようで、グロジャンが英語とフランス語のバイリンガルになったのは、スイスのインターナショナル・スクールに入学し英語による教育を受け、さらにイギリスの中学校で教育を受けたためと語っています。その後フランスに戻り大学教育を受け、パリ・ディドロ大学にて博士号を取得し、パリ第八大学で教育研究職を開始しました。一九七四年にはアメリカのボストンにあるノースイースタン大学に異動し、心理言語学の教育研究を進めました。一九八七年にはスイスに移り、ヌーシャテル大学教授として研究活動を続け、一九九八年には国際ジャーナル *Bilinguism: Language and Cognition* の創刊に関わりました。現在はスイス国籍を取得し、ヌーシャテル大学名誉教授として、論文の執筆を続けています。グロジャンの経歴を見ると、人はどのようにしてバイリンガルになるのか、その実例を見るようです。

心理言語学者グロジャン

グロジャンの専門は心理言語学で、知覚や言語受容・産出、手話を研究しており、本書の取り扱うバイリンガリズムの分野で国際的な第一人者です。これまでに一三冊の著作と、バイリンガリズム、言語の知覚と受容、言語産出、手話とろう者のバイリンガリズム、失語症、自然言語処理、応用言語学に関する二〇〇本以上の論文があります。

グロジャンはこれまで英語による著述を行ってきましたが、本書はフランス語で書かれたバイリンガリズムに関する初めての啓蒙書です。一般向けの著作で平明な記述ではありますが、心理言語学や言語教育学の最新の知見を活用するもので、知的な妥協を行っているものではありません。

日本においてもバイリンガリズムは人々の関心を集め、いわばあこがれの的となっています。英語を日本語のように話したい、ネイティブ並みの発音でぺらぺらと話せるのなら、なんとすてきなのだろう。バイリンガルになるには、幼いときから英語の国に行って暮らさなければならない、それができないのなら、せめてインターナショナル・スクールに通って、子どもの頃から英語に浸ればよいのかもしれないなど、メディアは過剰なまでに英語と日本語のバイリンガリズムを賞賛しています。そのため日本人の多くはバイリンガリズム、それも日本語と英語のバイリンガリズムに対する過大な期待や夢を思い描いているのではないでしょうか。

実際のところ、これまでバイリンガリズムはきわめて特殊な能力であると考えられてきました。バイリンガルとは二つ以上の言語を母語なみによく知り、自由自在に使える人と考えられてきました。同時通訳者のように二言語をマスターしていなければ、バイリンガルと名乗ることはできないかのように考えられてきたのです。そして、そのような卓越した言語能力を身につけるには幼少時から二言語による教育を受けなければならないと考えられてきたのではないでしょうか。

ところが本書を一読された皆さんは、グロジャンの提出するバイリンガリズム観にずいぶんと驚き、また戸惑ったのではないでしょうか。グロジャンによれば、人類のおよそ半数はバイリンガルか、あるいは三言語以上を使用するプルリリンガル（複言語話者）であり、バイリンガルは決して珍しい現象ではないのです。

グロジャンはバイリンガルをきわめて広い意味でとらえ、母語（第一言語）とほかの外国語（第二言語）といった組み合わせだけではなく、第一言語とその方言といった組み合わせもバイリンガルであると主張します。日本では、標準語（共通語）と方言の組み合わせをバイリンガルととらえることは少ないと思いますが、グロジャンのとなえるバイリンガル観こそむしろ現実の言語使用により即したものといえます。

たとえば、グロジャンの暮らすスイスはドイツ語、フランス語、イタリア語、ロマンシュ語を公用語とする多言語国家ですが、スイスでは標準ドイツ語とは異なるスイスドイツ語と呼ばれる言語（方言）が使用され、ドイツやオーストリアのドイツ語母語話者もその理解が困難であるといわれています。言語の定義のひとつが相互理解性、つまり会話の際にそれぞれ相手の語ることが理解できるかといった点にあるとすれば、標準ドイツ語とスイスドイツ語は大きく異なるため、それぞれ異なる言語と考えられるもので、この二言語を使用することはバイリンガルにあたるのです。

グロジャンは、二言語以上を日常生活の中で定期的に使用する人をバイリンガルと定めます。このような観点から見ると、日本においても日常生活のなかで標準語以外にも何らかの言語をさまざまなレベルで使用している人がいることに気がつきます。外国語の先生はもちろんのこと、観光関連業に従事する人や、外国との貿易に関わる仕事をしている人などさまざまな職業の人や、外国にルーツを持ち、出身言語を維持している人をみなバイリンガルと数えることができるでしょう。このような人々は二つ以上の言語について均等な能力を持つことなく、その技能は均等に発達しているわけではありませんが、グロジャンはそのような言語能力を持つ人々をバイリンガルと考えているのです。

グロジャンは言語を習得する時期についても、幼少期と限定することはありません。人はいつからでもバイリンガルになることができると、本書でもたびたび力説し、人間の言語学習能力に全幅の信頼を置いています。人間はいつでも柔軟に言語を学ぶことができるもので、必要に応じてさまざまな言語を身につけるのです。と同時に、使用しない言語を忘れることもあります。しかし、グロジャンは言語の忘却をとりわけ否定的に考えることはありません。使われなくなった言語がどのように忘却されるのかは十分に解明されておらず、言語の忘却という現象は言語学習にもまして未開拓の研究領域です。またグロジャンはバイリンガリズムの分類についても警鐘を鳴らしています。バイリンガリズムを分類し、話者にラベルを貼ることは言語活動の生き生きとした動態を見失ってしまう恐れがあると主張します。これもまた人間の言語習得がダイナミックなものであり、そこには成長と変化があるためです。

プルリリンガルについて

本書はバイリンガリズムに関する著作ですが、二言語を話す人だけを論じているのではなく、二言語以上の複数言語を使用する人々をも論じています。そこでバイリンガルと比べて、日本ではまだなじみの薄いプルリリンガル（複言語話者）について簡潔に説明を加えましょう。

プルリリンガルとは比較的近年に作られた用語で、フランス語で初めて用いられるようになりました。この概念は二〇〇一年に欧州評議会が公開した『ヨーロッパ言語共通参照枠』の中で取り上げられ、言語教育学の専門用語に加わりました。この文献は日本では英語のタイトル *Common European Framework of Reference for Languages* の頭文字をとってＣＥＦＲの略号で知られています。より正確に述べるならば、プルリリンガルとは、ＣＥＦＲを作成する上での予備研究論文Coste, Moore et Zarate（1997, 2009），« Compétence plurilingue et pluriculturelle »（コスト、モーア、ザラト（1997, 2009）「複言語・複文化能力」）の中で提唱された考え方なのです。現在ＣＥＦＲは大学入試の英語試験に活用することが検討されており、A1からC2までの共通参照レベルがもっぱら話題となっています。しかしＣＥＦＲはこの能力レベルと並んで、またそれ以上に重要な考え方を提供しており、それが「プルリリンガル」なのです。

これまで社会言語学や言語教育学では「多言語主義」（multilinguisme）が唱えられ、研究されてきましたが、CEFRは「多言語主義・状態」を「社会における複数言語の共存」ととらえ、「複言語主義・能力」を「個人の内における複数言語の共存」ととらえています。この考え方はバイリンガリズム研究の成果を発展させたものです。私たちが複数言語を身につけているとき、その複数言語は私たちの内部で個別に区切られ、さまざまな技能がすべて均等なレベルで存在しているのではなく、複層的な状態で存在しているのです。私たちの頭の中には、いわばいくつもの戸棚があり、それぞれの言語がその棚の中に区切られて存在するわけではないのです。

グロジャンはこのような複言語能力の一体性を説明するにあたり、ハードル競争の選手をたとえに用います。ハードル選手の能力は高跳びと短距離走の能力が結びついたものであり、このふたつを切り離すことはできません。同じように、バイリンガル能力や複言語能力も全体として一つの能力を構成しており、それを分割することはできないのです。複数の言語能力とは、個別の言語能力を単純に加算したものではなく、切り離しがたい一つの能力として統合された能力なのです。このように全体論的な視点から複言語能力を考えていただければ、さらに理解が深まることと思います。

本書の翻訳について、西山が序を、大山が一、二章を、石丸が三章と結論を、杉山が四章を担当しましたが、全体にわたり西山が検討と加筆修正を加えたため、本書の文責は西山にあります。勁草書房の永田悠一さんには本書の意義をご理解いただき、出版をご快諾いただき、編集の任にあたっていただきましたこと、深く御礼申し上げます。

グロジャン主要著作

Grosjean, F. (1982), *Life with Two Languages: An Introduction to Bilingualism*, Cambridge, Mass: Harvard University Press.

Lane, H. and Grosjean, F. (Eds.). (1982), *Recent Perspectives on American Sign Language*, Hillsdale, New Jersey: Lawrence Erlbaum.

Grosjean, F. and Frauenfelder, U. (Eds.). (1997), *A Guide to Spoken Word Recognition Paradigms*, Hove, England: Psychology Press.

Grosjean, F. (2008), *Studying Bilinguals*, Oxford: Oxford University Press.

Grosjean, F. (2010), *Bilingual: Life and Reality*, Cambridge, Mass: Harvard University Press.

Grosjean, F. & Dommergues, J-Y. (2011), *La statistique en clair*, Paris, France : Ellipses Edition.

Grosjean, F. (2011), *Roger Grosjean : Itinéraires d'un archéologue*, Ajaccio, France : Editions Alain Piazzola.

Grosjean, F. & Li, P. (2013), *The Psycholinguistics of Bilingualism*, Malden, MA & Oxford: Wiley-Blackwell.

Grosjean, F. (2015), *Bilinguismo. Miti e Realtà*, Milan, Italy: Mimesis.

Grosjean, F. (2016), *A la recherche de Roger et Sallie*, Hauterive, Switzerland : Editions Attinger.

訳者紹介

石丸久美子（いしまる くみこ）

京都外国語大学外国語学部教授。大阪大学博士（言語文化学），ナント大学博士（言語科学）。著書にD. マングノー『コミュニケーションテクスト分析――フランス学派による言説分析への招待』（共訳，ひつじ書房，2018），フランス語中級教科書『私たちの未来が危ない―グレタにつづけ――翻訳AI・生成AIを使いこなそう』（共編著，駿河台出版社，2024）などがある。

大山万容（おおやま まよ）

大阪公立大学文学研究科准教授。京都大学博士（人間・環境学）。著書に『言語への目覚め活動――複言語主義に基づく教授法』（くろしお出版，2016），『多言語化する学校と複言語教育――移民の子どものための教育支援を考える』（共編著，明石書店，2022），『複言語教育の探求と実践』（共編著，くろしお出版，2023）などがある。

杉山香織（すぎやま かおり）

西南学院大学外国語学部教授。東京外国語大学博士（学術）。著書にS. Detey 他『フランコフォンの世界――コーパスが明かすフランス語の多様性』（共訳，三省堂，2019），『ケベックを知るための 56 章』（共著，明石書店，2023）などがある。

索　引

ア　行

カ　行

サ　行

タ　行

ナ　行

ハ　行

マ　行

ヤ 行

ラ 行

ワ 行

著者紹介

フランソワ・グロジャン（François Grosjean）
1946年生まれ。ヌーシャテル大学名誉教授。専門は心理言語学。言語処理のモデルのほか，言語の知覚・理解・産生，バイリンガリズムとバイカルチュラリズム，手話とろう者のバイリンガリズム，失語症患者の発話理解の評価方法などについて研究を行っている。著書に *Bilingual: Life and Reality*（Harvard University Press, 2010），*The Listening Bilingual: Speech Perception, Comprehension, and Bilingualism*（Wiley-Blackwell, 近刊）などがある。

監訳者紹介

西山教行（にしやま のりゆき）
京都大学人間・環境学研究科教授。明治大学大学院文学研究科仏文学専攻博士後期課程満期退学（文学修士）。著書に『CEFRの理念と現実――理念編　言語政策からの考察』『CEFRの理念と現実――実践編　教育現場へのインパクト』（ともに共編著，くろしお出版，2021），マルティーヌ・アブダラ＝プレッツェイユ『異文化間教育』（単訳，白水社（文庫クセジュ），2021）などがある。

バイリンガルの世界へようこそ
複数の言語を話すということ

2018年 9 月20日　第 1 版第 1 刷発行
2024年10月20日　第 1 版第 2 刷発行

著　者　フランソワ・グロジャン
監訳者　西　山　教　行
訳　者　石丸久美子・大山万容・杉山香織
発行者　井　村　寿　人

発行所　株式会社　勁《けい》草《そう》書房

112-0005　東京都文京区水道2-1-1　振替　00150-2-175253
電話（編集）03-3815-5277／F A X　03-3814-6968
電話（営業）03-3814-6861／F A X　03-3814-6854
平文社・松岳社

ISBN978-4-326-29930-0　Printed in Japan

コスタ 森島泰則 訳	バイリンガル・ブレイン 二言語使用からみる言語の科学	四六判	三五二〇円
中谷・伊藤・勝又・川妻・大熊	「次の一手」はどう決まるか 棋士の直観と脳科学	四六判	二七五〇円
プレマック 橋彌和秀 訳	ギャバガイ！ 「動物のことば」の先にあるもの	四六判	三一九〇円
モシェ・バー 横澤一彦 訳	マインドワンダリング さまよう心が育む創造性	四六判	三六三〇円
山口真美・河野哲也・床呂郁哉 編著	コロナ時代の身体コミュニケーション	四六判	三〇八〇円
子安増生 編著	アカデミックナビ 心理学	A5判	二九七〇円
ラインハート 西原史暁 訳	ダメな統計学 悲惨なほど完全なる手引書	A5判	二四二〇円
小野寺敦子 編著	恋愛を学問する 他者との関わり方を学ぶ	A5判	二六四〇円

＊表示価格は二〇二四年一〇月現在。消費税（一〇％）を含みます。